目 录
Contents

辑 **1**

遇到合适的人之前，请这样生活

要讲究自己的生活质量，要自信地做自己，要笑着面对这个世界

给我们的考验

辑 2

恋爱和结婚完全是两回事

恋爱中，你光对对方一个人好就够了，但是结婚不一样，你还要学会照顾对方的家人。这就是婚姻本身所带有的一种责任感，也是结婚与恋爱最大的区别

愿你对这个世界
深情如初，
不被辜负

徐徐来／著

中国出版集团
现代出版社

图书在版编目（CIP）数据

愿你对这个世界深情如初，不被辜负 / 徐徐来著
. -- 北京：现代出版社，2017.5
ISBN 978-7-5143-6189-6

Ⅰ．①愿… Ⅱ．①徐… Ⅲ．①女性－爱情－通俗读物
②女性－婚姻－通俗读物 Ⅳ．①C913.1-49

中国版本图书馆CIP数据核字(2017)第087847号

愿你对这个世界深情如初，不被辜负

作　　者	徐徐来
责任编辑	李　鹏
出版发行	现代出版社
通讯地址	北京市安定门外安华里504号
邮政编码	100011
电　　话	010-64267325　64245264
网　　址	www.xdcbs.com
电子邮箱	xiandai@cnpitc.com.cn
印　　制	三河市华润印刷有限公司
开　　本	880mm×1230mm　32
印　　张	10
版　　次	2017年7月第1版　2017年7月第1次印刷
书　　号	ISBN 978-7-5143-6189-6
定　　价	36.00元

辑 3

不要让催婚的声音停止你寻找真爱的脚步

千万不要为了结婚而结婚。该来的总会来，对的人总会来。无论早晚

辑 4

换位思考是熬出美味爱情的秘方

不要让本身拥有的自私吞噬了在一起的美好，感情本该无私且相互理解

辑 5

做一个不要太体谅的姑娘

你关心他，但是也要有自己的个性和脾气；你体谅他，但是也要有

自己的锋芒和限度

辑 **6**

谈得了长距离的恋爱，才配得上一辈子的陪伴

异地恋最重要的是，在彼此最需要对方的时候出现在她（他）的身边

辑 7

独立才是最好的保护器

对于我们每个人本身而言，独立是一种生活态度，它会让我们

变成更美好的自己

辑 8

最美好的爱情，是让彼此成为更好的人

爱情是种力量，能让人坚持并且相信很多东西，也能给予人不一样的

生活品质

遇到合适的人之前，请这样生活

要讲究自己的生活质量，要自信地做自己，要笑着面对这个世界给我们的考验。

姑娘，
远嫁没有你想象的那么简单

1

这是我高中同学小小正在面临的问题。她和男友相恋三年，水到渠成，该准备结婚了。郎才女貌，很般配，但是目前困惑同学的一个问题就是，小小老家在南方，而男朋友老家在北方，如果结婚，她必须远嫁到男朋友的老家那里。

小小跟男朋友是一个大学的，毕业后，男朋友考上了老家的公务员，笔试面试层层过关也不容易，工作也逐渐稳定下来。

而小小是做药物研究的，毕业后在本地一家医院实习，还未入编制。面临结婚，总要选择一个共同的城市来生活。

男朋友说，小小，你过来吧。

男朋友的父母也说，本来就该是女方嫁到男方家来，小小，你过来吧。

小小很爱她的男朋友，也觉得选择一个城市共同生活是应该的，但是她说，当她听未来的公公婆婆特别理所当然地觉得女方应该嫁到男方家去时，她的心里有些不舒服。

小小未来的公公婆婆对小小很好，也对小小的父母说，小小嫁过去，让他们放心，他们绝对会好好对待小小，把小小当作自己的亲生女儿一样看待。

而小小的性格也属于那种顾家没有主见的，她最终还是答应了辞去自己的工作到男朋友老家那里去。

离家之前，她还是迟疑了。她说，阿来，为什么我的心里总有一些不踏实和害怕呢？

我说，你选择了远嫁，但是还是没做好相关心理准备吧，要不然你怎么会感觉到不踏实和害怕。

小小说，什么心理准备？

2

我叹了口气，说，远嫁前，你至少要问自己三个问题。

第一，面对完全陌生的生活环境和生活方式，你做好心理准备了吗？

你嫁过去，从南方到北方，首先要面对的就是生活环境的变化。南北方的气候大不相同，南方多雨潮湿，北方多尘干冷。你确定你能适应那里的生活环境吗？还有南方和北方的生活方式也有着很大的差异。

最基本的就是饮食习惯，你能吃得惯那里的饭菜吗？还有，听不懂的方言，融不进的文化，这些要怎么协调。

你要想想，自己到了北方，吃得惯那里的面食吗？能不能在那里多尘干冷的环境下适应？如果身体不能适应怎么办？

第二，面对一个新的城市，你必须找份新的工作，认识新的朋友，面对是未知数的未来，你做好心理准备了吗？

你远嫁到男方的城市，你肯定得需要一份工作。一切肯定会从零开始，你要开始认识新的城市，要知道离家最近的超市在哪里，要知道自己要找一份什么样的工作。陌生的地方，除了老公和老公的家人，你不认识一个人，你的朋友也不在，你要开始建立自己新的朋友圈，认识新的工作伙伴。而且，你做好找不到合适工作的准备了吗？当你和他吵架出门却不知道向左还是向右，没有一个去处，那一刻，你会不会后悔自己的决定？

这些都是你要面临的挑战，新的生活挑战和工作挑战，你确定你有足够的勇气和信心了吗？

第三，面对以后不能常见的父母，你做好心理准备了吗？

远嫁以后，你肯定不能经常回家探望父母。虽然现在通讯很发达，打开视频就可以见到父母的脸，但是毕竟不是面对面，你确定你在陌生的环境里，拿着手机看着父母熟悉而亲切的脸，不会委屈地掉眼泪？

还有，你也知道你的父母内心肯定是希望你多回家看看的，可是现在，却只能通过手机屏幕来看到自己的女儿。而且，父母年迈，身体渐渐不好，需要你的时候，你能不能很快地回到他们的身旁，陪伴在他们的身旁。公公婆婆再亲密，也不是亲生父母，我想，远嫁以后你最想的肯定也是你的父母吧。问问自己，做好这个准备了吗？

3

小小听我说完立刻就掉下了眼泪，说，自己压根没想到这么多。

我擦掉她的眼泪，轻轻地说，小小，我很欣赏你远嫁的勇气，我这么告诉你，不是阻止你嫁给心爱的人，而是告诉你，要做好这些心理准备，这不是一件小事，是一件人生大事。而影响你做出这个决定的，除了你自己，还有他。你要知道一件事情，重要的不是你嫁到他的城市里，而是你要嫁进他和他家人的心里。

他们对你好不好你自己肯定知道。两个人的结合，必定是两个家庭的相互磨合。也总会有人牺牲，也总会有人要失去一些东西，关键是，你要知道他和他的家人到底把不把你放在心上。

小小点点头，说她会好好想想。

其实，这并不只是小小一个人所面临的问题。远嫁对于姑娘来说，是一个人生选择，也是一个重大的人生决定。

4

能不能让女方毫无顾忌，放心地远嫁，这取决于男孩子的态度，这也是男孩子的本事。

首先男方要帮助即将远嫁的姑娘安顿好她的父母。其次你得有足够的物质保障，在你生活的城市，你总得要有一处安身之地，能够保障远嫁的姑娘跟你正常地过日子和生活。而且，远嫁的姑娘刚到你那里的时候，肯定不会立刻找到工作，你要愿意安抚好她的情绪并且照顾她的生活。具体一点的话，男方一定要记好以下三点：

　　第一，你要记住，姑娘远嫁到你的城市，远离了自己的家乡，你就是她唯一的依靠，一定要对她好，细致地关心她的生活，对她适应新的环境要给予陪伴和帮助。

　　因为她身边就只有你了，你是她最依赖的人了，你要怜惜她爱你、愿意跟着你远嫁的决心，真正意义上，给予她家庭和家人的温暖，这样，她就不会那么想家，也不会后悔自己做了远嫁的决定。

　　第二，可以实行春节回家轮流制，你要记住，节假日的时候多陪她回家探望父母。

　　现代社会，很多小夫妻都实行春节回家轮流制。就是今年过年去你家过，那么明年就去我家过，这样公平，也能安慰到双方父母的心和照顾到双方父母的情绪。

　　答应她节假日多陪她回家探望父母。她远嫁前肯定放心不下自己的父母，平时她跟你一起照顾你的父母，那么你也有义务陪她多回家探望父母。

　　或者可以经常把女方的父母接过来小住，这样可以加深两个家庭的沟通，也是很好的情感交流的方式。

第三，你要记住，当你的母亲和妻子发生冲突，永远不要让妻子处于孤立无援的境地。

婆媳关系应该是每个家庭最关键的问题。其实，我觉得，婆媳关系好不好，关键看男方怎么做。你要如何哄好两个女人，并且让他们和睦相处。记住，母亲和妻子发生冲突的时候，千万不要一味地站在母亲一边，因为你要知道，你的妻子是孤立无援的，她是没有家人在身边的，她伤心难过推开门的时候，是无处可去的。

要切实让女方感受到你是关心爱护她的。其实说到底，你的爱，是她的全部。

5

愿每个远嫁的姑娘都能得到幸福。

因为她们有着常人不及的勇气和决心，要知道，一个姑娘，远嫁前，要面对的东西实在是太多了。

所以，姑娘，远嫁没有你想象的那么简单，那么，你准备好远嫁了吗？

遇到合适的人之前，
请这样生活

1

我觉得对待爱情的态度，应该是，没遇到不要强求，遇到就不要放手。

闺蜜叶子小姐春节期间相完了安排好的 10 场相亲后，特别失落地给我打电话，说，怎么办，还是没一个合适的。

叶子 27 岁，应该还不算是大龄剩女，但是她真的快被家人的催婚逼疯了，每天除了上班就是相亲，最重要的是，相亲已经持续了半年多，大大小小的相亲大概参加了几十场了，无奈的是还没有合适的人。

叶子在电话那头特别挫败地说，阿来，我都快要对爱情失去信心了。我应下叶子陪她喝两杯，便收拾东西想去叶子家住两天。到了叶子家的时候，我简直是惊呆了。

衣服到处乱丢，桌上还有不知道什么时候吃剩下来的泡面，地面实在是脏乱不堪，我说，叶子，你这是怎么了。

叶子躺在床上无力地回答，能怎么了，就是你看到的这样呗。这几天一直忙着相亲，哪有时间收拾屋子。我大惊，你以前不是这样的啊。

初识叶子的时候，我们是高中同学，叶子可是有轻微洁癖的人，怎么被相亲和催婚折磨成了这样子。

叶子说，以前？！以前我还觉得会有白马王子骑着白马来找我呢，现在呢，我连个合适的男朋友都找不到，更别提王子了。

我想了想，郑重地坐在叶子旁边说，没遇到合适的人之前，你也不该这样生活。

2

你不该让自己变得这么邋遢，应该留点时间收拾一下自己；你不该过得这么将就，女孩子本来对生活质量就应该是讲究的；你不该对爱情失去希望，只是时间早晚的问题，难道找不到男朋友你的日子就不过了吗？

我一字一句地说完，然后起身帮叶子收拾屋子。叶子赖在床上没回答我，愣愣地看我收拾东西，像是在思考我讲的话。

没遇到合适的人之前，叶子的状态简直是太糟糕了。为什么要把这件事情的压力都放在自己身上呢？

3

所以我们今天来谈一谈，遇到合适的人之前，我们该怎样生活？

第一，不要将就自己的生活，学会讲究自己的生活。一个女孩子的屋子难道不该是整洁而干净的吗？太将就自己的生活，总有一天，你找到的也是将就的爱情。你该学会讲究自己的生活。讲究自己的穿着，讲究自己的妆容，讲究自己的生活方式，讲究自己的行为修养。凡事都有讲究，你才能以一个很好的姿态去寻找你的爱人，一个适合你的人。不要觉得我就这么出去一下子，随便穿点什么就好吧。这种将就的行为是错误的，谁知道，也许就是这一次的出门，你碰到了让自己心动的人呢？

第二，不要自怨自艾，要懂得自信才是女人最有力的武器。其实我一直觉得好好的姑娘都是被各种催婚的世俗话语所折磨成糟糕的样子的，既然我们不能改变外界的言语，那么我们只能接受。把这些话当作耳边风，不要放在心上，不要真的就一边对自己说，怎么还没遇到合适的人，进而产生了怀疑自己的心态：是不是自己不够好？是不是自己不够漂亮？然后慢慢地对自己失去了信心。其实，姑娘，自信才是女人最有力的武器，自信的女人才是最美丽的女人。你要深知这一点，你一定是很好的，只是缘分天定，任何强求而来的缘分都是不美满的，你的好一定值得更好的人来发掘。

第三，不要悲观对待，要明白微笑才是女人最迷人的风采。

都说，爱笑的女孩子运气不会太差。你老是因为愁苦找不到合适的人而满脸愁容的话，没有一个男人会看上这样的你。谁都希望找个笑起来很温暖的女子，就像你也想找一个笑起来很温暖的男朋友一样。乐观积极是每个人该有的心态，悲观应该被拒之门外，微笑才是女人最迷人的风采。遇到生活的不如意之事，笑一笑没什么大不了；遇到别人的吐槽和抱怨，笑一笑抛在脑后；遇到别人的道歉，笑一笑给予别人最大的宽容。

4

后来，我还给叶子讲了学姐苏允的事。苏允是我见过活得最漂亮的女孩子。其实她相貌平平，但是她每次跟我们出来聚餐都让我们同性由衷地觉得她是真美。连这样优秀漂亮的学姐也有着一段失败的恋爱，毕业后，她和男朋友因为异地恋的原因，聚少离多，男朋友有了新欢，苏允学姐很悲痛地分了手。分手后的一周，我被和苏允学姐同租的另一位学姐邀请去做客，更是被惊到了。

到的时候，我去和苏允学姐打个招呼。敲开苏允学姐的门，她虽然看上去有些憔悴，但还是高兴地拉我进去坐。

她的房间不大，被她收拾得整整齐齐，墙纸是很漂亮的暖黄色，一进去就让人感觉特别温暖，窗口有着几个盆栽，显然被照顾得很好，长得很旺盛，还有地面干干净净。

我说，学姐，你还好吧？

苏允学姐笑了笑，挺好的啊，失了恋日子也是要过的啊。

然后，苏允学姐和另一位学姐留我吃饭，苏允学姐亲自下厨，她的厨艺更是让我大开眼界。我惊叹，学姐，你简直是太厉害了。

苏允学姐笑着说，遇到合适的人之前，我得学会打理好自己的生活啊，有本事打理好自己的生活，以后才有本事打理好一个家。

5

就是这样，遇到合适的人之前，我们都要学会打理好自己的生活，有本事打理好自己的生活，以后才有本事打理好一个家。

没有人会爱上一个终日只会唉声叹气，什么也不会做，邋遢而将就的姑娘，有时间去感慨为什么这样的自己找不到合适的人，不如去检讨一下自己的生活状态，不如打起精神好好学习怎样打理好自己的生活。

所以姑娘，千万要记得，没遇到不要强求，遇到了不要放手。也千万别忘记，没遇到合适的人之前，我们该怎样生活。

要讲究自己的生活质量，要自信地做自己，要笑着面对这个世界给我们的考验。

如此好的姑娘才值得同样好的爱。

找个相同频率的爱人
很重要

1

　　翻开木子给我的结婚请柬时，我的惊讶是表现在脸上的，竟然不是木子深爱了 5 年的他，而是一个相亲认识的对象，苏秦。

　　我问木子原因，木子看着我，笑着说："找一个相对静止的爱人很重要。"

　　苏秦是木子大伯母介绍的相亲对象，刚开始木子很反感这次相亲，因为全家人都知道她有个处了 4 年的男朋友——阿浩。木子和阿浩是高中同学，木子高中时就一直暗恋阿浩，在高考后大着胆子跟阿浩告了白，于是两个人在一起了。转眼 4 年过去，木子也快大学毕业了，本应该着手准备结婚了，可是家人却很反对这门婚事，因为阿浩高考失利，只读了一所专科，在家人的眼里，这与考上了重点本科的木子是很不般配的。阿浩一直催木子一毕业就结婚，可是木子没忍心告诉阿浩自己的家人不喜欢他，于是就这么一直拖着。

拗不过家人，木子还是和苏秦见了面，木子想，见一面应该没关系，见完了也就拉倒了，父母亲也不会再成天说这件事了。一见面，苏秦就起身给木子拉开凳子，然后伸出手对木子和煦地笑，你好，我叫苏秦，很高兴认识你。落座后，言谈间，听说木子正在准备读研究生，苏秦再度扬起和煦的微笑，说，读研很好。木子皱着眉头问，你不会觉得女孩子学历太高不好吗？苏秦很讶异，说，怎么会呢，读研是好事啊，多读些书总不是坏事，而且还可以多经历几年校园时光。

　　木子愣住，突然记起来，前些日子，跟阿浩说起自己想要读研的事，阿浩在电话那头满不在乎地说，读研有什么好读的，你就省省吧，毕业了安安稳稳找份工作不好吗？当时木子的心一下子跌到谷底。

　　饭局后，苏秦送木子回去，在回去的路上，经过了一家书店，苏秦拉着神游的木子进去了，兴致勃勃地给木子介绍如果要读研的话哪些书适合木子。木子看着手里厚重的书，并不觉得苏秦很讨厌，反而有些感动。苏秦是一家软件公司的工程师，比木子早一年毕业，她以为工科男都很木讷，言语少，没想到此时的苏秦一点也不像她想象的那样。

　　回到家后，阿浩电话又打过来，说，木子，你不许考研，你再读书都快读傻了，你是不是不想和我结婚，所以才去考研。木子突然间觉得很疲惫，说明天我还要考俄语。木子大四没什么课，报了个俄语班。阿浩又说，俄语有什么好学的，你以后用得上吗？

木子烦躁地挂了电话。

木子真正对苏秦有好感是在第二天。

木子考完俄语，刚走出校门就有人叫住了她，她转头，是苏秦。苏秦捧着一沓书，站在那里很腼腆地说，这是他昨晚找的一些书，是他之前准备考研用的，他觉得应该会对木子有用。木子这才知道，原来苏秦也考过研，只不过失败了而已。木子看了看面前的苏秦，心里一暖，说，你现在也可以读在职研究生啊，我们可以一起看书。苏秦猛地抬头，说，真的吗？眼睛里的光看得木子恍了恍神。

2

每次回到家，就是被家人无休止地教育，木子听得都烦了。父亲又找她单独谈了谈，她据理力争，终于和父亲达成了共识，只要阿浩愿意换份正儿八经的工作，父亲愿意见见他。

木子给阿浩打了电话说了父亲的意思。阿浩语气很不好，说，说到底你爸爸就是嫌弃我，是不是，我为什么要换工作，我的工作有什么不好？木子突然笑了，所谓的好工作就是一个月1000多一点的收入，在人家小区的门口看大门？木子说，阿浩，你考个夜大吧，然后好好学一门技术，我等你，我还可以辅导你。结果，阿浩冷哼了一声，说，考夜大？你不知道我最讨厌学习了吗？你要是嫌弃我，看不起我就不要跟我在一起了。你以为谁都跟你一样考上了大学，还学了俄语，现在又要去考研？你厉害，你有能耐，我可没有，我就是个做什么什么失败的人。木子，你怎么也这么势利。

木子听完，心一滞，他竟然是这么想她的？木子从来没有瞧不起阿浩。当初阿浩高考失利要创业，身边没有资金，木子每个月省出一点生活费给他，鼓励他，结果阿浩创业失败了，但是木子也没怪他。后来，阿浩好不容易应聘到一家电子公司做产品检查，还不到一个月，说太累了，辞掉了，木子也没有怪他。再后来，阿浩找的工作都需要有一定的英语能力，木子知道了，给阿浩买了一堆英语学习的书，阿浩看也不看，说，不想学。然后，就找到了现在这份看门的工作。

可是，木子的父母怎么会接受这样一个女婿？

这时恰巧苏秦打来了电话，听到木子哽咽的声音，连忙问，你怎么了？木子不说，只一个劲儿地问苏秦有什么事，苏秦说，他把考研英语的重点词汇画下来了，毕竟他之前考过一次，想问木子什么时候有空，他拿给她，木子一愣，眼泪更加唰唰地流。

苏秦这下急了，愣是逼问木子怎么了，木子只好说，俄语考试没过。电话那头的苏秦笑了，说，这有什么好哭的呀，没过咱下次再考不就好了嘛，哦对了，我有个客户他的俄语可好了，我跟他私交不错，我下次可以介绍你们认识，失败是成功之母啊，对不对？

苏秦就是这样一点点走近了木子。

3

　　能让女孩子觉得安稳的从来不是安稳的工作和很高的收入，而是男孩子愿意去奋斗，有上进心。能让女孩子温暖的从来不是什么张口就来的一辈子的承诺，而是在彼此还很好的年华里，相互鼓励，共同努力。

　　木子和阿浩彻底分手，是在一个夜晚，木子再次和家人吵了架，家人说的话也越来越难听，说她怎么找了个这样的恋人。木子在寒冷的街头，给阿浩打电话，说，我的俄语考试没过。电话那头很吵闹，阿浩说，不过就不过呗，让你不要学那破玩意儿你就要学，你这是不到黄河不死心呢，行了，我在和哥们喝酒呢，挂了吧。木子的手冻僵了，心更冷，自己跟家人争得面红耳赤，却换来阿浩的这些话，木子的心一下子就死了。

　　也许会有人说，女孩子啊，都嫌贫爱富。可是，男孩子不努力，觉得做什么都没用，还讽刺女孩想要变得更好的心，这难道就对了？

　　木子不再和家人吵了，她和苏秦走到了一起，苏秦又给了她很多的鼓励。

　　苏秦真把那个学俄语的客户介绍给了木子，还督促木子每天练习俄语口语；苏秦细致地给木子找到了比较好的学校，跟木子说哪些专业比较容易考上，哪些专业比较困难；苏秦只要一有空就去木子学校的图书馆陪木子看书，木子不小心在图书馆睡着了，苏秦会给木子盖上他的外套；苏秦还为了能够和木子在一起，跟木子报了同一所学校读在职研究生。

分数出来的那一天，苏秦和木子的分数都够上了分数线，苏秦就在那一天带木子去见的父母。木子这才知道，原来苏秦高考没考上大学，他做了一年餐厅的服务员，拿工资交了复读费，才考上了一所专科院校，学编程。

4

阿浩后来还是找过木子，他不明白自己哪里做错了，也许他不是故意讽刺木子学不好俄语，也许他只是有自己的见解，觉得读书无用，也许他只是太过安于现状。

可是，无论多少个也许，木子还是离开了他。

木子说，有一天，在图书馆，苏秦去给她买喝的，她无意间翻开了苏秦的书，苏秦是工科男，她并不是很看得懂，但是她看到了一个词，相对静止。

相对静止：指两个物体同向同速运动，两者相对以对方为参照物位置没有发生变化。

木子突然想起，她和阿浩在一起时，一起逛街走路，阿浩的脚步都会走得比她快，她小跑着跟着也会落后阿浩。而她和苏秦在一起时，苏秦会体贴地放慢脚步跟着她的频率，并排走，这就是相对静止吧。

她跟阿浩为什么没能走到一起，就是没有保持相对静止吧。自己一直在往前走，阿浩却在原地不动。她想考研，阿浩觉得浪费时间；她想学俄语，阿浩觉得浪费精力。而看看着远处走来的苏秦，他一直鼓励着她，鼓励她做任何事，陪着她一起学习，一起努力。

木子说，苏秦最后放弃了读研，因为刚好公司有个名额要去欧洲进修两个月，苏秦犹豫不决，木子拉着他的手说，没关系，你做什么选择我都支持你，因为不管你选择哪条路，你都是为了成为更好的你。苏秦选择了去欧洲进修，木子送他时，说，去吧，我等你回来，你一回来我们就结婚。

在那一瞬间，木子记起了大三那年，阿浩失去工作，木子坐了很久的地铁到人才市场找了份适合阿浩的工作，鼓励阿浩到上海来闯荡，当时她说，无论多苦，她都会陪着阿浩一起，只要阿浩努力，总会有柳暗花明的一天，她愿意等。

同样是等，当年她等到的是阿浩一句，"你开玩笑嘛，去上海那不得累死我，再说我还要怎么努力，我已经很努力了啊。"而现在，她等到的却是苏秦两个月后归来，拿着戒指单膝跪地，跟她求婚。

木子带苏秦去见家人的时候，父母亲很开心，在苏秦跟母亲聊天时，她问父亲，你怎么这么喜欢同样是大专毕业的苏秦，阿浩不也是吗？

父亲笑着回答她，原因你自己心里应该更懂吧。

5

是啊，你可以没有好的开始，但你必须有个努力的过程；你可以没有赚很多钱，但你必须有颗上进的心；你可以没有一份好的工作，但你要吃得了苦，而不是安于现状。

你的梦想可以讲给他听，他会宠溺地说，去吧；他会为你的进步感到高兴，他会为你的成就感到骄傲；他会听你的建议，会跟你一起商量这件事怎么做才好；他会不惧怕前面的路有多艰险，愿意为你去努力。

我们都需要一个正能量的爱人。爱情是两个人的事，以后也会是两个家庭的事。能够携手并进，能够共同进步，相互鼓励。做更好的自己，才有更好的爱人。

所以啊，找个相对静止的爱人很重要。

喜欢就在一起，
别错过相爱的最好时机

1

闺蜜和我讲起一件事，是闺蜜的朋友，叫扶桑，班里有个男生很喜欢她，疯狂地追求她，她也喜欢他。

我说，那不是很好嘛，郎有情妾有意。

闺蜜说，可是他们没有在一起。

这下我很是不解，问，为什么呢？

闺蜜说，扶桑说大学不想谈恋爱，想等毕业以后再说。怕现在谈恋爱在一起了，会打破对双方的美好期望，会破坏现在的感觉。

我叹了口气，这也能算是个原因吗？

我认真地对闺蜜说，你告诉她，喜欢就在一起，别错过相爱的最好时机。

闺蜜说，相爱也有最好的时机？

我笑着说，对呀，当然了。相爱最好的时机莫过于你喜欢我的时候，我也刚刚好喜欢你了。

2

我曾经看过这样一句话：人世间最幸福的事情莫过于，我喜欢你的时候，正好你也喜欢我。

是啊，这绝对是人世间最幸福的事。

多少人求而不得那个喜欢着的人，多少人因为爱着一个不爱自己的人而痛苦着。

我就很不理解，既然你喜欢他，他喜欢你，为什么不能在一起。

怕现在谈恋爱在一起了，会打破对双方的美好期望，会破坏现在的感觉？

这根本是个不成立的原因。

恋爱是个过程，相互喜欢是基础，恋爱的过程是让双方更相互了解的过程。如果在一起会破坏恋爱的感觉，会破坏对双方的美好期望，那么跟时间早晚没关系，只能说明，他还不是你心里面那个想要在一起的最佳人选。

如果你喜欢他，他也喜欢你，趁着相爱最好的时机，在一起吧。只有这样，你才能感受到热恋的幸福，你才能感受到你侬我侬的浓情蜜意，这个时间段一过，再在一起，你就会发现你不是那么喜欢他了，这也根本不是你想象中爱情的样子。

3

我的表哥和表嫂这辈子最后悔的事情就是没在最好的年华，最好的时机谈一场轰轰烈烈的恋爱。

他们也相识于大学校园，表哥是学校的篮球高手，表嫂是篮球社的社长，也爱好打篮球，两个人因篮球结缘，彼此有意，彼此喜欢。

刚开始的时候，总是担心双方的老家不在一起，担心谈了恋爱后以后不能在一起，会更加伤心，一直不敢确定关系。

两个人拖啊拖，直到他们共同认识的一对情侣因为毕业之后一个要出国留学，一个留在国内，女同学哭得要死要活的，深深刺激到了当时的表嫂和表哥，两个人连忙牵起了手，生怕再晚，对方也会离开，生怕再晚，会来不及相爱。

彼时，还没谈多久恋爱，已经临近毕业了，两个人都忙着自己的事情，表哥往心仪的公司投简历，好不容易找到了一份稳定的实习工作，而表嫂整日泡图书馆，也成功地考上了研究生。

兜兜转转，两个相爱的人终于在一起了，可是呢，却已经错过相爱的最好时机。

由于表哥工作的原因，他们并不能时常见面，周末的短暂美好时光也开始让他们明白，为什么没有早点在一起。

如果早点在一起，早点谈恋爱，可以一起上下课，可以每天见到对方，可以一起吃饭，可以没课的时候一起去其他的地方走一走，一起去看喜欢的电影，一起去购物，临睡前彼此说晚安，然后安心地入睡。

可是错过了，现在却只能周末见见面，偶尔的购物，偶尔的相聚，有的时候表哥加班，再加上表嫂经常学习、考试，见面的次数变得更少了。

两个人觉得能好好在一起吃个饭都是奢侈。还好，他们坚持下来了，带着对彼此的信任，对彼此的真诚，对彼此的爱意，走进了婚姻的殿堂。

而他们之前担心的也变成了可以忽略的一部分。

虽然他们老家没在一起，但是他们选择了在一个城市工作，并没有什么困难。

现在已经结了婚，有了可爱的女儿，可是他们常常还是会说，真后悔，没在最好的时机谈恋爱。

4

对呀，所以就是这样。

如果两个人真心相爱，是不需要有所顾忌，有所犹豫，有所担心的。

我跟闺蜜说，错过了最好的时机，就算他们俩都能等到毕业再在一起，也不会有当初的感觉了，跟扶桑的担心也如出一辙，所以，何必有那些无谓的担心呢？

到时候，就算在一起，那时各自有各自的工作，扶桑现在担心的东西也会变成那个时候她所奢望的东西。

所以说，扶桑的担心根本就是多余的。

她不懂得喜欢就要紧紧抓住，她不懂得喜欢就要在一起，她不懂得人心都会有疲惫的那一天的，无论是扶桑，还是喜欢扶桑的那个他。

到那个时候，错过一段完美的恋爱，将会是扶桑最后悔的事。

5

我认识的一对情侣，是我的高中同学，今年已经是相恋的第10个年头了。

他们高中时就喜欢彼此，就在一起，不顾家长的反对，不顾老师的批评，就那么义无反顾地在一起了。

偷偷地传纸条给对方，偷偷地给对方买喜欢吃的东西，晚饭一起在学校食堂吃，放学就算有家长来接也会一起走到学校门口，周末也会一起偷偷地约好在肯德基做作业。

能有一场美好而又难忘的校园恋爱，那是件多么美好的事情。

那个时候，我问女同学，为什么想要跟他在一起啊。

女同学咻咻地笑，喜欢就在一起呀，而且他刚好也喜欢我，为什么不在一起呢？

我们都很羡慕他们。

虽然大学他们在两个不同的城市念，可是每次放假，每次同学聚会，看到他们幸福的身影，我们都嫉妒得要死。

我记得一次同学聚会的时候，我问女同学，没在一个城市念大学不会有遗憾吗？

女同学诧异地看着我，怎么会，我们已经有过一段甜蜜美好的恋爱经历，那时候天天见面，天天在一起，现在就算不在一起，也不会有遗憾呀。

我感慨，果然，爱情里是不需要胆小鬼这样的存在的。

<u>6</u>

不要做爱情的胆小鬼。

勇敢去爱。

喜欢就在一起，别错过了相爱的最好时机。

一味地付出
并不能得到幸福

1

"付出总会有回报"这句话，曾经一直被作为我人生道路的鸡汤。

但是，这句话在爱情里，并不是正确的。爱情中，最好的样子不过于两个人都是平等的。

一味地付出并不能得到相应的回报，相应的幸福。

在爱情里，总会有一个人喜欢得多一些，总会有一个人付出得多一些。爱情天平上，误差可以大一些，但是明显看出或者感觉到一边的天平重一边的天平轻，这样的爱情，结局也并不会是圆满的。

芋头小姐说，拼命追回来的爱情是不靠谱的。

她说这句话时，已经和谢磊分开了。在我们的圈子里，我们都知道芋头追谢磊追得那叫一个辛苦。

她是在一次婚礼上认识的谢磊，她是伴娘，谢磊是伴郎，她对谢磊一见钟情。新娘也有意撮合他们俩，但意外的是，谢磊对芋头并不太感冒。

在新娘的帮助下，芋头有了谢磊的联系方式，新娘也时不时地和新郎一起把他们俩约出来。谢磊看到芋头都是淡淡的。芋头性格也是犟得很，谢磊对她越是冷漠，芋头的心就越痒痒，她说，谢磊，她一定要追到。

她每天都会给谢磊发短信，说说自己有趣的事情，早安晚安一句也不落下，谢磊的回音寥寥无几，但是芋头每天依旧发。

她简直比天气预报还准，天冷了会提醒谢磊加衣服，要下雨会提醒谢磊出门带伞。

她把谢磊的生日牢牢记在心里，生日的前一天等到半夜 12 点第一个跟谢磊说生日快乐，而谢磊只有两个字的谢谢也能让芋头高兴很久。

她会经常主动约谢磊出来吃饭，从朋友那里打听谢磊的兴趣爱好，谢磊喜欢爬山，芋头就约他去爬山；谢磊喜欢看警匪片，芋头会熬夜看很多警匪片，为的就是能和谢磊有些共同话题。

......

诸如此类的事情还有很多，至少在我看来，芋头的持久力和耐心真的让我佩服不已，果然，爱情的力量确实很强大，能让人一心一意地为了那个人付出，为的不就是能把这份单方面的爱变成两个人的情。

2

谢磊也并不是铁石心肠，慢慢地，也被芋头的细心和坚持所感动，点了头，两个人终于在一起了。

我以为芋头会开心，会很幸福，一个月之后，芋头跟我在咖啡厅见面，她第一句话就是说，好累。原来，就算芋头跟谢磊确定了关系，两个人在一起后，谢磊依旧是淡淡的。

芋头给他发早安晚安，谢磊很少回；芋头对谢磊关心备至，生活的一些小细节都会提醒谢磊注意，谢磊只会说"嗯""好"；芋头跟谢磊一起约会，也一直是芋头讲个不停，谢磊就点点头，很少说几句。

我说，他难道从来不关心你吗？也许他只是不知道该怎样表达而已。

芋头自嘲地笑笑，说，阿来，你知道吗？有一次我问他，为什么我跟你说晚安你不跟我说呢。你知道他怎么回答我的吗？

我摇了摇头，芋头继续说：

他竟然说了四个字，他习惯了。

谢磊习惯了芋头对他的好，习惯了芋头的关心，习惯了芋头在他的身边，习惯了芋头对他的付出，但是谢磊学不会一样东西，那就是回报。

芋头感觉不到谢磊对她的爱，谢磊会经常问，芋头，我的拖鞋在哪里？会经常说，芋头，明天我要出门，你帮我收拾下东西。芋头，我的什么什么你帮我放在哪里了？甚至芋头都觉得，她就好像是谢磊的父母一样，帮他收拾屋子，整理东西，关心备至，嘘寒问暖。芋头当然会觉得累。

芋头在分手前问谢磊，谢磊，你爱我吗？

谢磊回答说，爱，没有你，我感觉生活一团糟。

听完这句话，芋头绝望了，她也知道，自己的存在和付出只是让谢磊觉得有个人在身边提醒他，关心他而已，这不是爱，是依赖。

习惯了一个人的付出，并慢慢开始依赖，只知道被疼爱，却不懂得爱别人，这样子的爱情终会让付出的那个人疲惫不堪，然后放开这份单方面的爱。

3

有个读者曾经在我后台留言，问，阿来，为什么我为他付出了那么多，他却无动于衷。

这个问题根本没有因果关系，在爱情里，难道你为别人付出了那么多，别人就应该给你同样的那么多吗？不爱就是不爱，就算他被你所谓的"付出那么多"所感动，那么也只是感动而已，并没有爱。

如果你付出了那么多，他就应该对你嘘寒问暖，确定关系，那么这个世界简直就真的太美好了。没有那么多为什么，没有那么多付出就会有回报。

所以说，姑娘，你付出了那么多，他无动于衷，在爱情里天平已经不平衡了，这场爱情，注定就不会幸福，你选择的路，你走得累，走得疲惫，那结果，你也必须承受。

如果在爱情里你把"付出就会有回报"仍然奉为鸡汤，那受苦的也就是你自己。

<u>4</u>

相互付出才是爱情的真谛。

芋头离开谢磊后的第二年，遇到了顾森。芋头对顾森是有好感的，但是由于谢磊的例子在前，芋头说，我约他三次，如果他依然不约我，那我就放弃。

这次的芋头是理智的。

第一次两人吃饭的时候，芋头很直白地表明了对顾森的好感，希望两个人能处处看。第二次、第三次都是芋头主动约的顾森，三次机会用完了，第四次，是顾森约的芋头。

两个人顺理成章地走到了一起，芋头很幸福。因为她的早安晚安会得到回应，她的细心会得到另一个同样的细心，她的付出也得到了另一个人同样的付出。

爱情，是两个人的，所以需要的也是相互的付出。因为相互的付出在对方的眼里，就是最好的回报。这才是爱情和幸福的真谛。

遇到了有好感的人，一定要多问自己几句：这个人值得你付出吗？如果你付出了那么多，他依然不爱你你怎么办？你付出了，他有给过你回应吗？不要傻傻地自己一头蒙进去，什么事情为他想，什么事情为他做，到最后受苦的只能是你自己。付出是该有的，但请注意，不要一味地付出。

一味地付出，单方面地付出，得到的只能是依赖和习惯。得不到回应的付出并不是一种美德。

何为
所谓的适合

1

其实关于适合这个词，往往是和合适在一起的。相互适合，这才是合适的。

很多姑娘介绍男朋友给我认识的时候，大多普遍会问我一个问题，那就是，阿来，你觉得我跟他合适吗？

我笑笑，因为我实在很不解这个问题为什么要问我。我总是反问，外表上看是挺合适啊，你所谓的合适是指什么呢？

然后姑娘支支吾吾说不上来，到最后又来一句，就是问你我们俩合不合适啊。

天哪，别再拿这种问题来侮辱我的智商了好吗？然后我就会很生气地回答，合不合适你自己心里不知道吗？为什么一定要问我这个外人呢？你的心里难道感受不出来吗？

合适，广义上就是符合主观和客观的需求，在爱情里，就是符合双方的主客观需求。符合双方的需求，这自然就要追根到怎么知道对方的需求，无非就是你了解他，他了解你，他知道你想要什么样的生活，你知道他想要什么样的日子。

合适，就是一拍即合以及在一起比较舒适，也就是精神上的合适，这是我对合适最好的解释。

2

燕子姑娘就是一直纠结于合不合适这个问题的最终受害者。

燕子姑娘27岁了，相亲相了很多，但是基本上都是没有下文的那种。闺蜜聚会一起喝茶的时候，我们总说，难道这么多男朋友就没你觉得可以结婚的？

燕子摇摇头，说，我觉得他们都跟我不合适。

燕子跟我掐指算了一下，她说，相亲的第一个男的有些矮，跟一米六八的自己站在一起差不多高，我觉得不合适就不联系了；相亲的第二个有些胖，我这么瘦，不行不行，不合适不合适，我也不喜欢这样类型的；相亲的第三个胡子拉碴，一看就知道生活很不讲究，不行，我可是有轻微洁癖的人，不合适不合适……相亲的第六个，那个男的，你们都不知道，穿衣服多没品位！不合适不合适。连说了好几个不合适，我都听晕了。

燕子用排比句加好多不合适给我们讲述了她的相亲经历，我扶额，说，亲，你怎么都看人家外表呢，人家矮，胖，品位不高，胡子拉碴，不代表对你不暖啊。真正的合适哪是像你这么解释，其实就是要相互接触后彼此足够了解，彼此在一起觉得舒适，没有尴尬，没有约束，这才是最合适的。你连了解都不了解一下，就这么一下子否定掉那么多男人，这种做法才是不合适的，好吗？所谓的合适，绝对不是像你这么定义的，而是你们能够达到精神上的舒适。

燕子似懂非懂听着我说了一大堆，我也不知道她到底听懂了没有。

世界上本没有人是十全十美的，所以你遇见的每一个人，他们乍一看可能都不是你想象中王子的模样，总会有些偏差，比如不帅气，不高，身材不匀称，但是，不管对于每一份相遇，我们都应该抱着先处着的心态处处看，相互了解下对方的兴趣爱好，如果很惊喜地发现你们大多兴趣爱好一拍即合，他的幽默风趣也符合你的标准，你跟他在一起的感觉无比地舒适和开心，那这个人才是最适合你的，也是你最合适的那个人。这才是所谓的合适。

3

堂姐和堂姐夫两个人的相处模式我很羡慕。

两个人兴趣爱好都差不多：喜欢旅游，所以他们经常在周末去离家近的地方玩，尽量让各自的长假在同一时间段，然后一起出国玩；同样地，他们看电影也不挑，只要是好电影都看，堂姐不会只看缠绵悱恻的爱情电影，而堂姐夫也不会只看激烈刺激的动作冒险片，他们觉得好电影都值得看；他们都喜欢麻辣香锅，火锅，两个星期就会一起去吃，还发现了更多好吃的店面。

堂姐看书的时候，堂姐夫就带着儿子出去遛遛；堂姐夫要熬夜做程序的时候，堂姐总会给他递一杯温热的牛奶，卧室里总会给堂姐夫留一盏微弱的灯。

堂姐的父亲去世的时候，堂姐在外人面前没有掉一滴泪，但是堂姐夫跟我说，丧礼结束后，堂姐在他怀里哭得像小孩，特别让他心疼。他知道堂姐需要的不是安慰，而是他静静地陪在身旁，所以那些天，他请了假，在家里陪着堂姐。虽然什么事都没干，但是那个时候，陪伴是最好的事情，不需要任何言语，就能安抚悲伤的心灵。彼此感到对方的需要，然后感受来自对方的关心和爱护。

这就是爱情和婚姻最好的状态。也是最合适的伴侣。双方各自知道对方心里想要的是什么，有着兴趣上的一拍即合，就有着精神上的舒适与安宁。所谓合适，不过如此，关键就是两个人在一起要舒适，两个人在一起要合拍，要开开心心，也要能牵着手直面困难。

4

再说，两个人在一起本来就不只是寻求相貌上的相配，真正寻求的不就是心里的互相慰藉和安慰吗？

我问你们一个问题：为什么你想找个男朋友？

不就是希望，他能在你难过的时候给你肩膀，他能在你开心的时候跟你一起开怀大笑，他能在你需要他的怀抱的时候给你最暖心的依靠，你的心事可以说给他听，他会给你安慰，会帮你一起解决，你的喜怒哀乐可以在他面前展露无遗，不需要掩饰，不需要装模作样，不会有负担，不会有尴尬，不会有无言，不会有小情绪，你就是你。

所以，找一个适合你的人谈恋爱，无非就是他会让你心有所安之处，在你开心的时候你第一个想到的是和他分享，你难过的时候第一个想到的是和他诉说，他不会对你冷冰冰，他会陪你一起笑，一起难过。心有所安，情有所寄。

还有，所谓合适，就是两个人在一起，一定要一拍即合，不管是兴趣还是想法。

他能陪你去做你喜欢的事情，比如爬山、旅游，他能跟你一起去看你喜欢的电影，他可以跟你一起享受你爱吃的食物，而这些事，如果同时也是他喜欢的，那么你们在一起绝对是开心而舒适的。让你觉得精神上一拍即合，能够跟你一起做很多很多的事，并且这些事是双方都喜欢的。你们会享受在一起的时光，这绝对是感情升温的好方法。

这大概是我对合适的最好定义了。如果遇到这样适合自己的人，那么别犹豫，赶紧在一起吧。

他不够爱你，
才跟你暧昧

1

苏苏结婚的时候，我应邀去参加了婚礼，当司仪问新郎陈益，陈益先生，你愿意娶苏苏小姐为妻吗？

陈益扬起温暖的微笑，大声说，我愿意！

我如愿地看到坐在我对面的俞伟脸色白了白。

再然后，司仪问苏苏，苏苏小姐，你愿意嫁给陈益做他的妻子吗？

苏苏满脸坚定，一字一句说，我愿意。

很好，俞伟的脸色已经是苍白。

我端起酒杯喝了口酒，露出了嘲笑的神情。

苏苏爱俞伟，特别爱，很爱很爱。

苏苏在 KTV 每次必点的歌，就是《很爱很爱你》。唱着唱着就是会哭出来的那种。

如果俞伟也在 KTV，大家就会拿俞伟和苏苏打趣，因为谁都知道他们俩很亲近。

这个时候，俞伟就会摆摆手说，大家别开玩笑了，然后露出一副圣洁无公害的笑容。苏苏每每听到这句话，心底都无限悲凉。

苏苏喜欢俞伟是他们圈子里都知道的事情，苏苏会给俞伟织围巾，会在俞伟打球时送上一瓶水，会为了俞伟喜欢的明星连夜去排队买演唱会门票。

我觉得一个女孩子能为男孩子做这么多的事已属不易。

苏苏跟我说过很多次俞伟，说他是学校最佳辩手，在台上把对方辩手驳得说不出话来的样子很帅；说他能讲一口流利的英文，特别有魅力；他还能写一手好文章，还说他笑起来的那两个小酒窝特别迷人。

每次苏苏跟我讲这些的时候，我都会用我的手指戳她的额头，说，苏苏，你能不能别花痴。

过了一段时间，苏苏再来找我时，我问她和俞伟怎样了。

苏苏满脸娇羞地说，俞伟会跟她说晚安，俞伟会在她伤心难过的时候安慰她，俞伟会在自己的文章里写苏苏。

我拍了拍苏苏的肩膀说，恭喜你，苏苏小姐，你已经和他成功进入了爱情的第二阶段，暧昧，假以时日，你必定抱得男友归。

苏苏嗔怪地笑。

2

几个月后，苏苏致电给我，阿来，俞伟让我假扮他女朋友陪他一起去接他的父母。

哎呀，这种电视上的情节也会发生在苏苏身上。

我问，俞伟只是让你假扮？没有跟你说确定关系之类的话吗？

苏苏也有些失望，说，没有。

如果说我对俞伟本无好感，那么现在我觉得他简直就是个渣男。

我问，那你打算怎么办？

苏苏说，我答应了，因为我觉得他应该是爱我的，要不然怎么可能让我假扮他的女朋友呢？

于是，苏苏真的做了俞伟的"女朋友"，陪俞伟见了俞伟的父母。

很长时间，没有苏苏的消息，我实在放心不下，约苏苏出来见面。

一见面，我简直吓了一跳，苏苏的脸瘦了一圈。

我问，你和俞伟是不是不成了？

苏苏苦笑，我和俞伟相处得很好，只是一直没确定关系。他还说，他对我是有感觉的，他是爱我的。

我差点骂出了脏话。有感觉不确定关系？有感觉就一直这样暧昧着？

苏苏继续说，阿来，我知道你想骂我，同学也说过，俞伟对我不是真心的，可是我舍不得，我总觉得他是爱我的，只是要再等等吧。

再等等？好像每个女人都会在盲目的爱情里，给自己找个借口，来说服自己，自己愚蠢的行为是有原因的。

我没有把这些话说出口，只是有些同情地看着苏苏。因为我知道在爱情里的女人，别人的话都是听不进去的，只有当她们真的失望到了极点，舍不得也才会变成一刀两断。

我终于等到了苏苏和俞伟一刀两断的时候。那是在一个深夜，我被苏苏的电话吵醒，苏苏在那头哭着说，我问他，为什么有感觉不跟我确定关系，他竟然说，感觉只是感觉，暂时还没有在一起的欲望。

呵呵。我冷笑，什么狗屁感觉，什么狗屁在一起的欲望，那你凭什么每晚都会跟苏苏说晚安，那你凭什么要牵苏苏的手，那你凭什么要苏苏假扮你的女朋友？你不觉得可笑吗？这两年的时光，原来都是暧昧！

我对苏苏说，任何的暧昧都是因为，他不够爱你！

3

别人都说，傻女人，其实我觉得很正确。由于女人天生细腻敏感的心思，女人总是在一段感情里付出多的一方。当自己也有感觉的男人哪怕给自己一个眼神，女人都会对自己说，他一定对我也有感觉。

有了对自己的这句劝慰，她会甘心为男人做很多傻事。

可是她等啊等，等到了偶尔的心跳，等到了偶尔的承诺，等到了偶尔的有感觉，却等不到男人说，嘿，亲爱的，我们在一起吧。

4

苏苏的家人很快给苏苏安排了相亲。第 10 次相亲的时候，苏苏遇上了陈益。

苏苏跟我说，陈益长得一般般。我说，长相能当饭吃吗？苏苏说，她对陈益没什么感觉。我说，先处着看看呗，真没感觉了，再说清楚也不迟。

一个星期后，苏苏跟我说，她和陈益在一起了。

苏苏说，陈益看着木讷，话不多，实则心思也细腻，会关心苏苏的身体，知道苏苏失眠，给她找各种中药药方，每次约苏苏都会把苏苏送回家，在楼下看着苏苏上楼了才离开。最重要的是，他在第 7 天约了苏苏，在一束玫瑰花前，对苏苏说，苏苏，我能以后名正言顺地关心你吗？苏苏在陈益的暖心和玫瑰花面前投降了，也不得不承认，跟陈益在一起，她很幸福。

苏苏说，原来，俞伟真的不够爱我。

5

当然了，他肯定不够爱你，才愿意跟你暧昧。

热映的电影《寻龙诀》中，陈坤饰演的胡八一对舒淇饰演的 Shirley 杨在历经千万磨难后，胡八一深情地拿着戒指求婚 Shirley 杨，"Shirley 杨小姐，你愿意把我们纯洁的革命友谊再升华一下吗？"

胡八一自从和 Shirley 发生关系后，总试着逃避 Shirley，这让 Shirley 很生气。我却很认可胡八一的做法，因为他知道他给不了 Shirley 未来，他只能躲避，但是他也忽视了，正是因为他也爱着 Shirley，也才会去逃避，而不会借此去跟 Shirley 搞什么暧昧。

所以说，Shirley 的眼光是不错的，她爱上了一个值得她爱的人，而且，没让她等太久。在经历过神女墓下的一切后，胡八一放下了丁思甜，也直面内心对 Shirley 的感情。

6

我一直觉得，暧昧，是爱情的第二阶段。

第一阶段是有意。互相看上了眼，才会有第二阶段。

也基本上，在第二阶段，你就会慢慢了解这个男人是个怎么样的人，这个男人到底适不适合你，这个男人对你的态度是怎么样的。

而且，第二阶段的时间不宜过长，因为一旦时间过长，你就无法进入爱情的第三阶段，那就是在一起。

别人都说，不以结婚为目的的谈恋爱都是耍流氓。

我却觉得，不以在一起为目的的暧昧才是耍流氓！

不想在一起，那搞什么暧昧。暧昧这种心态本身就是不对的，你根本没有对这段恋爱足够重视，也根本没有对这段恋爱足够负责。

如果暧昧了一段时间，他依然没有跟你说，我们在一起吧，那么早点结束这段该死的暧昧吧，因为他真的不够爱你。如果够爱你，绝对会希望名正言顺地对你好，绝对会把你们的关系再升华一下的。

别傻不拉叽去问他，你爱我吗？

一般男人为了显示自己付出过，都会说，我是爱你的，可是……

一旦有了可是，你就玩完了，死得很彻底，这不代表他爱你，这反而代表他不想对你负责。

可是仍有女人傻乎乎地觉得，只要他爱我就好了，在不在一起没关系的。

这不叫傻，这叫蠢，蠢到了令人发指的地步。这不是痴情，是执念，是因为你没得到你想要的而产生的执念。

佛家说，放下执念，立地成佛。其实道理一样，放下执念，才有另一片晴空。

7

任何的暧昧，都是因为不够爱你。

爱你，总会给你最名正言顺的关心。

辑 2

恋爱和结婚完全是两回事

yuan ni dui

zhe ge shi jie

shen qing

ru chu

bu bei gu fu

恋爱中，你光对对方一个人好就够了，但是结婚不一样，你还要学会照顾对方的家人。这就是婚姻本身所带有的一种责任感，也是结婚与恋爱最大的区别。

恋爱和结婚
完全是两码事

1

　　和男朋友谈得好好的大喵突然说分手了，实在震惊了我们一大群人，出于关心，我给大喵打了电话。大喵叹息着说，阿来，恋爱和结婚完全是两码事，我和他感情是不错也很稳定，但是你知道吗，我的父母不太喜欢他的工作，而他的父母嫌弃我是个外地人，其他都可以慢慢磨合，但是这种反感和地域偏见不是那么轻而易举就可以磨合的。我和他因为这件事吵了太多次，他觉得我的父母太不知满足，我也觉得他的父母根本就看不起我。所以，我们也都知道，父母不同意我们走不下去的，只能分开了。

　　大喵又叹了口气，眼泪都差点掉下来，眼圈红红的，说，要知道我也很舍不得，因为，我和他恋爱的时候真的很幸福很开心，但是没办法，婚姻不只是我们两个人的事，更是两个家庭的事，我们不能不考虑父母的想法，那样的话，我们太自私。不是说我们没有勇气坚持，而是这样看不到希望的坚持实在太渺茫了，太无力了，后来我们的分歧也慢慢地变多了，所以啊，分开是注定的，我们也没有办法改变。

我沉默，确实如此，恋爱和婚姻本就是两码事。你可以跟他谈一场好好的恋爱，却不能不顾父母的反对结婚，有些偏见永远改变不了。

2

我其实一直觉得结婚是件很顺其自然的事，处着处着觉得合适了，处得来了不就可以结婚了吗？

大喵遇到的这件事确实也让我改变了想法，原来，结婚并不是想象中那么简单。

后来想想，也确实如此。恋爱可以什么都不想，两个人只顾着开开心心谈恋爱就行了，可是结婚不行，首先得要有父母的同意，然后要商谈好婚礼的各个细节，包括彩礼，婚礼在哪里办，陪嫁是些什么，你们家买房还是买车，这些都需要两个家庭的协商，因为各种彩礼和陪嫁的问题闹到最后不欢而散的例子简直是太多了。

恋爱是两个人的事，结婚则是两个家庭的事。

恋爱你可以随随便便说分手，结婚了你能随随便便说离婚吗？

失恋了你可以找新对象，离婚了你还能容易地找到新的结婚对象吗？

婚姻是长久的，细致的，现实的，而恋爱是无畏的，热烈的，自私的。

爱情和婚姻的温度是不同的，爱情是炽热的，而婚姻却是平淡温暖的，许多人正是无法适应婚姻与爱情的温差，而使他们的婚姻走向破裂。

3

好像最近分手的事情发生的特别多，前不久，母亲下班回来跟我说，玫瑰分手了。

我惊呆了，玫瑰是妈妈单位上一个跟我年纪相仿的姑娘，很活泼开朗，也很能干，性子也很好，经常来我家做客，我跟她关系也不错，半年前，我还和妈妈去参加过她的订婚典礼。

我让妈妈邀请玫瑰来我家吃饭喝茶，饭后，玫瑰坐在我的房里泪如雨下，那憔悴的样子看得我都不忍心。

好不容易玫瑰平静下来了，我才问，玫瑰，到底怎么了，石头对你不是挺好的吗？他们订婚前，我还见过一次石头，石头对玫瑰确实不错啊。

玫瑰叹了口气说，石头是对我还好，可是你知道吗，订婚后一起生活我才发现，他根本一点都不会过日子。他每个月把自己的工资全都花光了，一点也不剩，第一个月我发现的时候跟他说过这个问题，结果第二个月他还是这样。他特别要面子，经常请公司的人吃饭喝酒，我不是反对他应酬，但是他根本不知道节约这个概念。订婚半年，本来说好的买房先付首付，结果他的工资卡上只有几千块钱。还有，你知道吗？他对我的爸妈一点也不关心，我爸过 50 岁生日那天，他什么也没表示，我爸我妈虽然没说什么，但是作为女儿的我心里特别难受，他宁可拿那些钱出去应酬，都没有想到给我爸准备点东西。我实在接受不了和这样的人过日子。

我了然，玫瑰的选择是对的，石头对她好，也许是一个很适合恋爱的好对象，但是实在不是一个适合结婚过日子的对象，因为恋爱本就和结婚不同。

4

第一，恋爱是种投资，而结婚是种集资。

恋爱的时候，男朋友一般会花心思讨女孩子开心。女孩子虽然嘴上说着不用不用，但其实内心都是希望男朋友能给予自己很大的惊喜的。不是说你花的钱越多越讨女孩子欢心，而是，如果你一点钱也不花，是没有哪个女孩子愿意跟你谈恋爱甚至是结婚的。所以有一个说法，恋爱中舍不得为你花钱的男人你指望他结婚以后对你好，做梦吧。确实如此。恋爱中，舍得为女孩子花钱是应该的。真正懂事的女孩子也不会对你提出过分的要求。

但是结婚不一样。结婚后，你们就是建立一个家。钱也当然是有出有进，开销也更大了，因为两个人要一起生活。房贷，车贷，这些都会压得你们喘不过气来，所以你们得学会怎样打理好两个人的生活，高质量并且不迁就，每个月要有计划地存起来一部分钱，因为结婚以后，你们要承担起一个家，以后还要生孩子，养孩子，这些都是长期的消费，所以要学会集资。

谈恋爱时是风花雪月，有多少花多少，带着浪漫的色彩，结婚却要面对现实中的柴米油盐杂碎琐事，电费水费有线电视费都是不小的开支，带着现实的色彩。

第二，恋爱是一种感觉，而结婚是种责任。

婚姻中你要有承担一个家庭的责任感，对两个家庭负责任，而不是依然沉浸在恋爱里的你侬我侬、浓情蜜意，只要对对方一个人好就行了，结婚意味着你们要照顾好双方家庭。

恋爱中，你光对对方一个人好就够了，但是结婚不一样，你还要学会照顾对方的家人。这就是婚姻本身所带有的一种责任感，也是结婚与恋爱最大的区别。

5

恋爱是一个过程，而结婚是恋爱的必然结果。

但是恋爱和结婚完全是两码事。

也不要畏惧婚姻。范玮琪的《最重要的决定》中唱道：幸福没有捷径，只有经营。

其实婚姻生活中，难免会出现一些冲突和偏差，愿意去经营的话，结婚也可以是一辈子的恋爱。

做一个
精致的女人

1

表妹哭着给我打电话诉说她被 Y 先生甩了的时候，痛诉道，我对他那么好，我对他那么真心，他怎么可以不要我。

表妹发泄完了后，可怜兮兮地说，我到现在都没想通，到底为什么他不要我啊！我明明没有做错什么呀。

我悠悠地说，你不知道为什么？可我知道。

我是真的知道，我早就知道 Y 先生有一天会跟表妹分手。

表妹大惊，问，姐，为什么。

我慢悠悠地说，因为你不够精致。

2

我和 Y 先生见过两次面，第一次是 Y 先生刚和表妹谈恋爱时，表妹兴冲冲地给我打电话，说谈了个男朋友，要介绍给我认识。

Y先生是表妹的大学学长，表妹面容姣好，画得一手好丹青，Y先生被表妹的才气和美貌所吸引，开始追求表妹。

　　其实表妹也早已经对Y先生芳心暗许了，于是顺理成章地，两个人在一起了。

　　我见到Y先生的第一眼心里就感慨道，表妹真是捡到宝了。

　　Y先生成熟稳重，说话谦和有礼，待人温和有度，绅士得一塌糊涂，最重要的是，对表妹很是好。

　　表妹叽叽喳喳地说个不停，Y先生话很少，在旁边宠溺地看着表妹。

　　本来我和表妹聊得很开心，突然间，Y先生说话了，他说，阿蕊，我送你的手链呢，你怎么没戴。

　　我愣愣地看着表妹空荡荡的手，表妹好像也突然被问到了，一时间有些恍然。

　　我知道那个手链，是Y先生送给表妹的第一个礼物，因为是Y先生实习的第一个月工资买的，表妹很是高兴，也跟我炫耀了好久。

　　过了一会儿，表妹嗫嚅着说，好像丢了……好像昨天回家就不在手上。不知道表妹注意到没有，我是看到了Y先生嘴角温和的笑容一下子消失了。

　　表妹笑嘻嘻地拽着Y先生的手撒娇，Y先生可能由于我在场并没有特别计较，但是饭桌上的温度明显低了几分。

　　我在心里叹息，唉，傻姑娘，这是他第一个月工资给你买的第一个礼物，你就弄丢了，搁哪个男人都不能接受呀。

3

第二次见面是我陪着表妹去买东西，Y先生是后来才来的。

Y先生的父母来了，他打算带着表妹去见一见。表妹拉着我来给叔叔阿姨挑礼物。

表妹一直问我买什么送给长辈好，对于我这种还没谈过恋爱的人来讲，我更不知道送什么给男朋友的父母合适了。

表妹也一直不知道买什么，偌大的商场逛来逛去，半天没买到什么。我问表妹，你有没有问过Y先生的父母喜欢什么。表妹瞪着大眼睛，特别天真地说，没有呀。

最后Y先生下班后赶过来，我和表妹依然两手空空。

我看着Y先生满脸疲惫的样子，打趣道，不好意思，我真不知道你父母喜欢什么，都没帮上阿蕊的忙。

Y先生很惊讶地看着表妹说，上周不是跟你讲过我父母的喜好吗？

表妹扑闪着大眼睛，说，没有啊，什么时候说过的。

我又暗自叹了口气，看Y先生的表情，绝对不会在说谎。

表妹突然像记起来什么，说道，好像是说过，阿姨是不是喜欢红色？然后一脸邀功地看着Y先生。

Y先生脸色很难看，说，我妈喜欢紫色。

表妹的表情僵在那里，顿时有些尴尬，我只好打圆场，拉着表妹说，刚刚看到的一条紫色丝巾不错。

Y先生板着脸陪我们买好了礼物，还是绅士地把我送回了家，和表妹分开的时候，我拉着她，偷偷地说，你呀，别粗枝大叶的了，长点心吧，再这样下去再好的男人也会被你气跑的。表妹点点头，若有所思。

4

没想到这一天还是到来了。

我问表妹，为什么Y先生说分手。

表妹疑惑地说，我也不知道呀，我只是跟着他去参加了他朋友的饭局，回来后他就跟我提分手了。

我想了想，说，饭局中没发生什么事或者Y先生没跟你说什么话吗？

表妹沉默了一会儿，说，刚见面的时候Y先生说了一句，你怎么穿得这么随便。

我了然，我问，你穿的什么？

表妹支支吾吾地说，穿了一件短袖，牛仔裤，头发扎起来了，因为这几天忙，有两天没洗头了。

我有些觉得可笑，说，你就这样去见他的朋友？

表妹毫不在意地说，既然是他的朋友，都是熟人，干吗那么正式？

我说，这不是熟不熟的问题，是你的态度问题。既然人家邀请你去见他的朋友，你就应该化个淡妆穿得正式一点，这样才不会丢他的脸啊，这样也显得你比较尊重他的朋友。你呀，真是不够精致。做什么都粗枝大叶的，你说人家有什么理由不跟你分手呢？

表妹很是不解，问，表姐，什么叫精致？

我想了想，说，你知道我同事阿洁吧？我跟你提过的。

表妹嗯了一声，说，知道，就是那个嫁入豪门的女孩子嘛。

5

确实，阿洁是嫁入豪门，嫁的一个好人家，前不久刚结的婚，老公年轻有为，虽说家里底子不错，但是自身也很有实力，很优秀。

不过，阿洁很配得上他，因为，阿洁是我见过的最精致的女孩子。

何为精致，精巧细致，用来形容她再适合不过了。

我和阿洁第一次交流是因为那天我过生日，阿洁刚进公司不久，跟我不太熟悉，也没讲过几句话。

那天，很多同事给我送了礼物，阿洁也是，阿洁的礼物是一个自己手工做的杯子，上面有我的名字，最重要的是，杯子是我最喜欢的颜色，玫红色。

我从来没跟其他人说过我的喜好，所以我惊讶地问阿洁，你怎么知道我喜欢玫红色。

阿洁温和地笑，说，因为我发现你的坐垫是玫红色，还有你的手套，你的手机壳，还有你的袜子也是玫红色，所以我觉得你应该是喜欢玫红色的吧。

我惊叹不已，这个女孩真的是很细致啊。于是，晚上我请客吃饭的时候叫上了阿洁。

这就和阿洁熟悉了起来。

我妈妈即将过五十大寿，作为女儿的我真的是想破了脑袋也想不出来要送什么礼物，在淘宝漫无目的地逛着，阿洁从我身边经过，我就问阿洁，送长辈送什么好呢？

阿洁很快就回答，长辈有没有什么身体不好的地方？

我想了想说，我妈冬天膝盖总是痛。

阿洁笑着说，那就很明显呀，买个护膝呀。对了，这个牌子的护膝是纯羊毛的，我之前逛街的时候看到过，在正大广场三楼，价格也适中，但是厚度可能一般般，如果你想要再买厚点的，那去定做吧，价格贵点，但是特别适合老年人。

我惊讶得合不拢嘴，大惊道，你怎么知道得这么详细。

阿洁挠挠头，说，逛街的时候偶尔看到的，有的时候看一些书也会看到。

我惊叹，阿洁真的是好厉害。

更让我跌破眼镜的是，有一天，我看见阿洁办公桌旁放着一个满是毛线的纸袋，我惊讶地问，阿洁，你织毛衣？

阿洁腼腆地笑，说，是啊，从小跟妈妈学的，准备给男朋友的爸妈都织一件。

我这才知道阿洁有个男朋友，是中学同学，和阿洁谈了 10 年的恋爱，已经快准备结婚了。

这个年头还有人织毛衣？阿洁真是精巧、细致一样都不少。

我那时候在心里暗暗地想，那个男人娶了阿洁真是好福气，阿洁这样的女人真是谈 10 年的恋爱也不会觉得腻啊。

我侧头仔细观察阿洁，发现好像阿洁长得不是很好看，却总画着很精致的淡妆，看上去很淡然高雅；而且阿洁从来没有穿很名贵的衣服，但是懂得搭配的她总是穿着让人看上去很舒服整洁的衣服，看上去特别有气质。

参加阿洁的婚礼的时候，我才知道阿洁的老公家境有多好。

我想，只有像阿洁这样精致的女孩子，才会找得到这么优秀的老公吧。

6

我说，你只看得到阿洁嫁入豪门，却不知道阿洁能嫁入豪门也是有她的本事的。

表妹有些愤愤不平，说，不就是比别人多花点心思吗，有什么了不起的。

我反驳，不，不只是比别人多花点心思，她的精致是精致到骨子里的，谁也拒绝不来。如果你像阿洁这样，你觉得你会弄丢男朋友送你的礼物吗？你觉得你会忘记男朋友的妈妈喜欢什么颜色吗？你觉得你会邋遢地去见男朋友的朋友吗？

表妹没有再说话。

7

精致，是一种极致的学问，是不管年纪多大，不管岁月过了多久，依然刻骨铭心的格调。

精致的女人是知道收放，懂得进退，是那种有细腻的心，浑身上下让人感觉温和舒服的女人。

精致，是一种生活态度，是随性产生的魅力。简约自然大方，不浓妆艳抹也不素面朝天，懂得适度地打扮自己，简约而不简单。

精致的女人，有让人移不开眼的气质，却不是拜金主义。

精致的女人，懂得适合自己的便是最好的。

这样的女人才更赏心于己，悦目于人，才更让男人死心塌地，也必然配得上一个很优秀的男人。

所以，做一个精致的女人很重要。

别把不甘心
错当痴情

1

每次我问还在爱情里挣扎的姑娘，为什么还不放手呢？

姑娘总会说，我喜欢他呀，我就是喜欢他，我相信他会被我感动的。还见过另一个特别奇葩的姑娘，一本正经地说，我这么痴情，有一天他一定会对我好的。

听到这样的回答，我的内心总是崩溃的。因为这些姑娘简直是走火入魔了。我一直觉得，痴情这个词不是褒义词，而是贬义词。有的姑娘追男孩子追了那么久，还傻傻地说，只要我喜欢他就够了，其实，姑娘，你只是不甘心而已，你不甘心自己花费那么多的心思喜欢他，得不到他的爱而已，这不是痴情。

别把不甘心错当痴情。你是一个痴情的姑娘，这句话并没有什么值得骄傲的。因为你只是一个不甘心的姑娘，

2

柠檬小姐是我的一个闺蜜的同事。年纪老大不小了，还没找到对象，闺蜜说，她呀，是败在那个男人手里了。

那个男人叫作姜南，是柠檬的大学同学。柠檬算是对姜南一见钟情，第一眼见到姜南就芳心暗许，好不容易托同班的男同学要到了姜南的手机号码。

她给姜南打电话，意外地得知，姜南竟然是她的老乡，柠檬更加对姜南充满好感了，也动了想要把姜南追到手的心思。

姜南并不对柠檬感冒，但是还是很礼貌地对待柠檬，会接柠檬的电话，会和柠檬一起吃饭，但是就是不和柠檬有进一步的发展，这也让柠檬既高兴又无奈。高兴的是，姜南并没有不理睬她，只要偶尔能接电话吃吃饭就够了，无奈的是，姜南对柠檬的示好无动于衷。

柠檬说，我还要更加努力。

于是，柠檬开始学习织围巾，失败了很多次后，织出了她人生中第一次织的围巾，用香香的洗衣液洗好送给了姜南；姜南是羽毛球校队的，每每姜南练习或者比赛，柠檬总是在旁边递上一瓶水；柠檬知道姜南喜欢游戏展，托部门的部长，然后排了很久的队帮姜南买到了票。

姜南每次都会说谢谢你，柠檬。显然，柠檬并不高兴，因为姜南太过客气，她宁可不要姜南说谢谢。

但是，每次柠檬发短信说，姜南，今天天冷，你多穿点，然后姜南回，你也是，柠檬也会高兴很久，她觉得，姜南应该是对她有感觉的，所以她更加努力。

姜南生日的前几天，柠檬为了生日礼物精心准备，零点一过，柠檬立刻给姜南发了短信说，生日快乐。姜南回，柠檬，你是除了我妈之外第一个跟我说生日快乐的人。

柠檬捧着手机喜极而泣，她觉得这是对她最好的回报。

3

舍友们都说，柠檬啊，放弃吧，姜南要是对你有意思，早就跟你在一起了，明显姜南这是只把你当作朋友。

柠檬每每听到这样的话，心里难过，但也在心里悄悄安慰自己说，没关系，时间会证明我的痴心。

就这样，大学四年，柠檬的时光都花在了姜南的身上，毕业之时，依然未修成正果。

听闺蜜讲完柠檬的事情，我简直是嗤之以鼻，说，她这不是败在那个男人身上，而是错把不甘心当作了痴情。

闺蜜惊讶地说，不甘心？

我点点头，说，对呀，就是不甘心，正是因为她这么努力，但是她得不到姜南的心，所以她不甘心就这样放弃。这样的不甘心和执念终究会害了她。

其实，不只是柠檬小姐这样女孩子一厢情愿的追求，还有很多感情走到最后，已经挽回不了男人的心的时候，大多数女孩子都无法选择轻易地放手，笑着说再见，而是苦苦哀求，或者是宁可守着不幸福的恋爱，也不愿重新整理自己的感情生活。

原因都是因为不甘心而已。不甘心就这么结束，不甘心就这么放弃，不甘心就这么得不到。

可是，姑娘，不甘心并不是痴情，这不能证明你是一个长情的女子，只能证明你是一个拿不起放不下的女子。

4

等我真正见到柠檬小姐的时候，我以为，柠檬小姐可能只是一个普通得不能再普通的女孩子，要不然姜南怎么会对柠檬的追求这么无动于衷，可我却惊讶地发现，柠檬是个很漂亮的女孩子，说话进退有度，言语间很有礼貌。按理说，应该是个很受男孩子欢迎的女孩子。可是，为什么，姜南的眼里还是没有她，这也只能说明，柠檬不是姜南的菜。

我说，柠檬，久仰大名。

柠檬小姐说，别嘲笑我了，我已经跟姜南的那段记忆说拜拜了。

我笑笑说，是什么让你放下了呢？

柠檬小姐说，你说得对，我不能把不甘心错当痴情。现在，我彻底断了念想，反而觉得轻松很多，我一直觉得自己是一个痴情的女子，就应该好好地专心地对他好，总有一天，他会被我的真心付出感动。原来，心不在，再痴情也没用啦。谢谢你。

还好，她终于开窍了，也终于选择了放手，其实也许并不是我说的话敲醒了她，只能说，这个时候，她也疲惫了，刚好有我的这番话，自然是茅塞顿开了。只是，我依然觉得可惜，她其实早该有新的感情面貌，早该懂得这个道理，要不然，也不会浪费四五年这么长的时光。

5

　　每段难以放弃的感情，说明了你是真心付出过，但是姑娘，不要死抓着不放，你的付出过只是付出过而已，当感情走到尽头，你是拦也拦不住的，你的任何努力终究是徒劳。最难拉回的，就是人心。

　　这个时候，不要让不甘心毁了你自己。其实，你只是不甘心而已。不甘心并不是痴情，你无须为了证明自己痴情而浪费大好时光，还不如趁早放手，放手后自会是另一片晴空。

　　俗话说得好，拿得起放得下。这句话是很有道理的。既然你拿得起这段感情，就要做好放得下的准备和决定。

　　别把不甘心错当痴情。

　　姑娘，你并不是痴情，你只是不甘心。

姑娘，
别追喜欢的人追太久

1

接到表妹的电话，言语里满是激动和兴奋，她说，姐，我喜欢上一个人了。

表妹今年大一，刚上大学不久，这也算正是青春正好和内心悸动的大好时光，能有喜欢的人很正常，也自然是好的，因为人海茫茫，遇到一个自己喜欢的人也不容易。

我笑着问，他是一个什么样的人呢？

表妹的语气充满崇拜，先是傻笑着说，他是一个很好很好的人。然后仔细地告诉我，他是她的学长，开学那天是他帮自己提的行李，说话很温柔，笑起来很温和，个子很高，跟自己一个专业。我心里偷笑，果然是表妹喜欢的类型，阳光，帅气，温柔，大概我像表妹这个年纪时心里的白马王子也是这样的。

表妹挂断电话前说，姐，我想好了，我要追他。

我想，妹妹是长大了，也有了喜欢的人，说，当然了，勇敢地追吧，自己的爱情就要自己去争取。

因为每个姑娘都有这么一个想奋不顾身努力一回的那个人，都有那么一个压上自己所有勇气都想勇敢一把的那个人。为爱勇敢，又不是一件丢人的事情呀。

2

表妹的倒追之旅正式拉开了帷幕，作为姐姐，我也经常会给她意见：

比如，不要靠他太近，若即若离的最好；

比如，不要太早表白心意，保持神秘感最好；

比如，不要一直追着他跑，也要给一点私人空间，死缠烂打不是明智之举，适度追求最好；

比如，不要对他太好，毕竟还不是恋人，朋友多一些恋人少一些最好……

可是，刚有喜欢的人的妹妹显然是特别激动和热情，拿出了所有的激情对待那个她喜欢的男孩子，会在他打球时守在旁边，为的就是及时给他递上一杯水，会跟他说早安晚安一天不差，会为那个男孩子学习织围巾，失败多次后终于成功送出了第一条自己织的围巾，表妹真的是对那个男孩子很用心。

一个月后，表妹放假回家，我赶紧拉着她询问进度怎样？

表妹有些失望但是依然热情饱满地说，他毫无反应，但是我还是准备继续努力。

我的心咯噔一下，问，他一点表示也没有吗？哪怕是一点点小的举动表示出他对你也有意思？

　　表妹思考了很久很久，久到我的心好像明白了什么东西，表妹还是摇摇头，我知道，表妹这次90％是没希望了，但是表妹接下来说的话依旧在我意料之内，她说，这才一个月呢，我再继续努力啊，没关系的。

　　我也努力劝慰自己，或许那个男孩子比较慢热，表妹再努力一下应该还是有希望的，因为表妹也很优秀啊，标准的瓜子脸，弯弯的眉眼，笑起来还有梨窝，应该是男孩子很喜欢的类型。

　　我拍了拍表妹的肩膀，说，嗯，加油吧！革命尚未成功，同志仍需努力。

3

　　这一次时间有些久，虽然表妹也经常给我打电话报告情况，可我的心却一点点明朗起来，在三个月后的一天晚上，表妹满是委屈和郁闷地跟我说，姐，为什么我的努力一点回报也没有，反而觉得他离我越来越远啊，有些时候甚至觉得他在故意躲着我。

　　我叹了口气，说，放弃吧，追喜欢的男生是不能追太久的，你的时间已经够长，他依然对你无动于衷，说明他根本对你一点意思也没有。不是你不够努力，而是他对你本无意；不是你不美丽，而是不是他的菜；也不是你不够好，是他不愿意看到你的好。

　　表妹的哭腔渐起，我知道表妹其实内心也知道这次单恋无望了，她哭着问我，可是为什么他却故意疏远我呢？难道连朋友也做不成了吗？

我想了想，斟酌了下言辞，说，一个姑娘主动追一个男生，我并不觉得丢架子或者是倒贴什么的，毕竟每个人都有追求幸福的权力。主动追一个男生，如果男生对你有意，那么很快，他就会跟你在一起，毕竟女追男隔层纱这句话还是有道理的。但是一旦他对你一点意思也没有，就不要再在他身上浪费时间了，因为他根本对你毫无感觉。别追喜欢的男生太久，太久的话他就会觉得厌烦你，他就会觉得有压力，他就会觉得越来越反感你。同理，你想想，一个你不喜欢的男生一直追你，你是不是内心也觉得有些反感，明知道你不喜欢他，但是他对你那么好，你也会觉得有压力然后渐渐远离他的。其实道理就是这么简单。

我说，在一棵树上吊死并不是一个明智的举动，不喜欢就是不喜欢，没感觉就是没感觉，就算你坚持了很久很久，到最后也终于成功了，那么那也不是爱，只是因为他可能觉得他玩够了，准备找个对他好的人安定下来了。选择了你，也或许是因为感动，可是姑娘，感动终究不是爱啊。

<u>4</u>

我的闺蜜尔尔曾经从高中开始追一个男生追了 4 年，4 年的时间，尔尔的世界里全是他。

看到觉得适合他的东西就想给他买，看到很好玩的事情第一时间就想跟他分享，他在哪里念大学尔尔也追到了那座城市。

尔尔喜欢的男生却在这 4 年交了无数个女朋友，其实没有一个是尔尔，而在他眼里，尔尔对他的好，慢慢地，由新奇变成反感，再由反感变成习惯，也渐渐习惯尔尔追着他跑。

尔尔也一遍遍安慰自己说，没事的，努力就会有回报，没关系的，加油！

我曾经劝过尔尔很多次，尔尔始终无动于衷。等到那个男的毕业，结婚，尔尔看着他的手里牵着新娘对新娘说我愿意，尔尔的心才算是死了。

尔尔哭着说，我那么喜欢他，为什么，为什么。

傻姑娘，哪有那么多为什么，是你自己太傻，追他那么久，在他身上浪费了那么久的时间，还拒绝了那么多你自己的追求者，你的勇气值得鼓励，可是你的傻气却让你不知道放弃。所以，别追喜欢的男生太久，既然没戏唱，不如趁早放手，也放过自己，如果能成也早该成了。

姑娘，你可以很勇敢地追求自己的幸福，但是要在短时间内看清他对你是否有意，是否有回应；若没有，你同样也要勇敢地放弃。

姑娘，别对喜欢的男生太好，太好也只会让他不懂得珍惜。

姑娘，别追喜欢的男生太久，别傻乎乎地，委屈自己本该值得更好的爱。

找男朋友的
第一因素是什么？

1

近来，很多朋友问我，找男朋友第一个要考虑的因素是什么？

我不假思索地回答，脾性。

脾性？

朋友们对这个词有些陌生，问我什么意思。

我说，脾性就是脾气和习性啊。

如果说看对眼决定了在不在一起，那么脾气则决定了在一起多久，习性则决定了能不能一起生活下去，能不能结婚走一辈子。

学妹小雪哭着给我打电话，我急忙赶到了她们寝室，小雪一直哭个不停，那场景，真活脱脱像孟姜女哭长城那么撕心裂肺，我一边抽着面纸递给小雪，一边问她怎么了，因为她的脸颊上有一块伤口。她却只顾着哭，什么话也不说，就在我耐心快要用完的时候，她的舍友看不下去了，跟我讲了事情的原委。

原来，学妹和男朋友小唐闹口角，本来两个人只是拌拌嘴，后来，两个人吵架各有各的理，各不甘示弱，学妹不知道说了什么后，小唐忽地站起来，猛敲了一下桌子，把凳子踹开，气呼呼地走了，教室的门也是被小唐甩上的。因为小唐的力气比较大，凳子是木头的，凳子撞到墙飞出来的木屑蹭到了学妹的脸。学妹惊叫了一声，却还是没阻挡住小唐离开的脚步。

　　学妹就哭哭啼啼地回来了，舍友帮她把伤口处理了一下。我纳闷了，到底是什么大事让小唐这么生气，还把凳子都摔了，这也太过分了吧。

　　学妹好不容易平静下来，我才听到了事情的原委。原来，学妹因为在忙没看到小唐的电话，小唐去找她的时候看到学妹在跟同一部门的一个男生讲话，火就上来了。

　　我问，小唐的脾气一直都这么火暴吗？

　　小雪吞吞吐吐不说话，她的舍友说，是的，以前也有过小吵，小唐经常吼小雪，都是小雪主动去找小唐和好、撒娇，两个人就又重修旧好了。

　　我的天啊，有个脾气这么差的男朋友，真是为难脾气这么好的小雪了，竟然能够忍耐这么久。我看着小雪唯唯诺诺的样子，突然就觉得可怜又可恨，可怜的是被吓成这样，可恨的是小雪的无能，为了这样一个脾气差的渣男屡次放下自尊去主动求好，真是……

　　我说，分手吧，再不分手，你信不信，以后你会过得更辛苦，脾气这么差，你的爱，根本不值得放在这样的男人身上。

一个男人，是应该有气度和胸怀的。为了一件小事，就动辄摔东西的男人也不会有什么大出息，跟在这样的男人后面以后只会更受罪，更受委屈，更吃苦。

2

男朋友的脾气真的很重要。

如果有小唐这样的男朋友，你们的恋爱每天都是战战兢兢的，受尽委屈的。相反，恋爱本不该是这样，是应该让你感到幸福和快乐，你发个小脾气他会哄着你，他有什么不开心你也会哄着他。因为谁都有坏脾气，但是坏脾气也是有限度的。

脾气好的男朋友，他也一定是忍耐力很强的，忍耐力强，说明了他必定不焦躁不急躁，做事情很稳，会让你也觉得很舒适，甚至让你放下自己的小性子。

说完脾气的重要性，再说说习性的重要性。

3

表姐结婚前和表姐夫曾经同居过一段时间，那段时间，表姐总打电话给我，说心情很苦闷，她发现两个人生活在一起后才发现表姐夫有很多生活习性她不能接受。

比如，表姐夫抽烟很厉害，也一点不顾忌表姐，抽烟很随意。

比如，表姐夫的袜子两三天换一次。

比如，因为表姐起来煮早餐，表姐夫后起来却从不叠被子，说晚上也会睡觉，叠被子有什么用。

这跟表姐的生活习性一点也不吻合。光是在床上抽烟这一项就让表姐很不舒服。

我问表姐，这些你都能接受和忍耐吗？

彼时，表姐因为已经和表姐夫双方家长见过面了，两个人的事基本上也定下来了。表姐沉默了会，说，叠被子和袜子我都能接受，大不了我催促他多换袜子，早上起来我再去叠被子，在一起不可能都是十全十美的，也不可能生活习性都是一样的，总要忍耐一些，尝试着去接受一些，可是抽烟这件事我真的很受不了，闻到烟味我很不舒服。

我了然，我说，表姐，那你可以和表姐夫商量下，我觉得你们都快结婚了，而且表姐夫也不是那么不讲理的人，他也一定会体谅你的。实在接受不了的，不要委屈自己忍耐。因为你们以后是要结婚过一辈子的，你能忍得了一时，不能忍一世吧，以后结婚了到了你忍不了的时候，婚姻出现裂痕，就已经晚了。生活美不美妙，习性很重要。

表姐说她知道了，后来她也确实跟表姐夫谈过一次。

表姐夫爽快地接受了表姐的建议，也跟表姐道歉说，在床上抽烟确实不好，还让表姐吸了二手烟，这点他忽视了，以后一定会注意的。

表姐夫再也没有在床上抽烟，也再没有当着表姐的面抽烟，总是一个人在院子里抽完烟再进房间，表姐很欣慰，也愿意为他忍受其他一些习性，两个人过得很幸福。

说到底，能不能走得更远，就是看能不能互相磨合双方的习性。

4

脾气和习性统称为脾性。

那男朋友脾性到底有多重要？

脾性不好的男朋友，你就像生活在水深火热中一样，喘不过气；脾性不好的男朋友，会让你伤心难过流泪委屈；脾性不好的男朋友会让你无法忍受跟他一起生活，随着争吵越来越多，两个人也会越来越远，会让你在爱情里卑微得跟尘土一般。

脾性好的男朋友，会给你他应有的宽容、大度和体贴；脾性好的男朋友，会给你该有的忍让，会愿意与你去磨合，去解决每一次争吵和分歧；脾性好的男朋友，不会让你太过迁就他，不会让你太过委屈自己，会愿意让你跟他一起走进婚姻的殿堂，让你舒适地跟他一起过日子。

所以，有个脾性好的男朋友真的很重要。

你可以没钱没颜，
但不可以没有暖

1

和新婚不久的闺蜜桃子一起窝在一起看电视，看到最近很火热的《因为爱情有幸福》，我们都对里面的暖男老公陈伟霆迷得很。

我突然想起桃子的前男友，戏谑地问，桃子，当时要是印展有一点点暖，你是不是就不会分手了。桃子笑而不语。

犹记得，当时，我和朋友们听闻桃子分手的消息时，有些朋友说，桃子，印展又高又帅又有钱，你怎么舍得放弃这样的高富帅？

桃子不在乎地摇摇头，说，他可以没钱没颜，但是，他不能没有暖。

桃子和印展认识是在一场联谊会上，桃子是管理学院的文艺部部长，而印展是工学院的文艺部部长，两个人在联谊会上必定少不了互动，也在互动里对彼此有了意。

在一起是很顺其自然的事，但不是印展主动提出来的，而是桃子无意间问了印展，我们现在是什么关系，印展才搂着她说，当然是男女朋友啦。这才算是真正在一起了。

在一起后的第一年，因为彼此都是学生会的骨干成员，也都比较忙，很少时间聚在一起，一般聚在一起也都是晚上忙完以后印展送桃子回宿舍。

我和桃子打电话，戏谑地问，桃子小姐，找到高富帅的男朋友是不是心情爽爆了。因为桃子说，印展家里好像是开公司的，家境不错，而我也见过印展，长得确实阳光帅气，跟气质脱俗的桃子站在一起像偶像剧男女主角一样。

桃子在那里笑，说，还好还好。语气里有些我摸不透的心酸与无奈。闲聊了一会儿，我说，怎么了，不开心吗？

桃子犹豫了一会儿说，不知道为什么，总感觉印展是一个……嗯，很自我的人。

自我，这个词，好像是桃子犹豫了很久，才拿出来形容印展的。

我说，怎么的？

桃子说起跟印展他们部门一起出去聚餐的事。

那一次是印展邀请她一起去的，桃子想，第一次作为印展的女朋友去参加聚会，一定要打扮的体面点，所以挑了一件比较漂亮衬得出气质的裙子去了。

没想到聚餐结束的时候，天气大变，夜晚温度骤降。温度低，很冷，桃子的心却更冷。

因为印展在忙着给部门的学弟学妹们打车回学校，丝毫没有注意到一直站在餐厅门口的桃子冻得哆哆嗦嗦的嘴唇都白了。送完了学弟学妹，印展终于走过来了，却说，你先回去吧，我和一些部门老部长要去唱歌。

桃子看着印展穿着的外套，心里有些苦涩，听着印展的话，更是委屈得不得了。坐在回去的出租车上，桃子把自己冰冷的手摩挲着取暖，司机说，小姑娘，刚刚那个是你男朋友吗？怎么也不把外套给你穿？天气这么冷，姑娘啊，这样的男朋友不能要啊。

桃子听着司机的话，眼泪还是掉了下来，她万万没想到，印展是这样不细心不体谅的人。

2

第二天，桃子发了高烧，脑子里一团糟，心里却总想着印展怎么还没给她打电话。

晚上 9 点多，印展来了电话，听说桃子病了，发了一天的高烧，说，这怎么行，一定要去医院。

桃子这才心里一暖，想，印展也不是那么让自己失望吧。

桃子强撑着，起床，走到宿舍楼下，却没见到印展，而是跟印展玩得比较好的一个学弟。学弟递给她一点钱，说这是印展学长让他转交的，怕桃子看病钱不够。桃子还没回过神来，印展的电话来了，说让她直接去后门口，他给她打好了车。

她问，印展，你不陪我去吗？

印展的回答让她的心跌落谷底，印展说，昨晚太累了，他今天想早点休息，还说让她好好去看医生，晚点去接桃子。

桃子什么也没说挂了电话，拿着印展的钱站在冷风口，突然脑子特别的清醒。桃子没去医院，转身回了宿舍，把自己埋在温暖的被窝里，然后哭着给我打了电话。

我也是气愤之极，有这样的男朋友嘛！？简直太过分了，一点也不关心自己的女朋友，有钱有什么用！？

桃子哭得上气不接下气，加上自己的身体本来就不舒服，我安慰了她，让她赶紧吃药就去睡。

病好了后，桃子说了分手，印展一开始还来找了桃子几次，桃子避而不见，便也没有了下文，两个人也就这么分开了。

3

桃子和印展分开后，再也没有谈恋爱。

临近毕业，桃子找了份实习工作，也认识了自己实习部门的经理高阳。高阳对桃子一见钟情，对桃子展开了追求。

桃子一直犹豫不决，因为高阳并不是桃子喜欢的类型。高阳个子不高，长相也一般般，是属于大众化的长相。因为没有眼缘，桃子对高阳没什么感觉。

真正让桃子心动的，是一件很小很小的事情。

同事聚餐的时候，高阳坐在桃子的身边，上了一道菜，是桃子喜欢吃的鱼。刚夹上一块，准备送入口中，却被身边的高阳拦住，桃子愣愣地看着高阳从自己手里把鱼肉夹走，然后在那里细心地拿筷子挑出刺，再夹到桃子的碗里。

就在那一刻，桃子看着高阳认真挑刺的侧脸，突然地就心动了。然后不久，就答应了高阳的求爱。桃子说，那一刻，她觉得高阳简直帅呆了。

高阳求婚的时候，我也在场，是桃子介绍高阳给我认识的饭局上，高阳突然拿出了戒指。并不是什么钻石戒指，而是一枚很普通但是很精致的戒指。

高阳说，桃子，虽然我现在还没有很多钱，但是，我会为了你努力，我会为了你过上更好的生活而努力。你生病的时候我会好好照顾你，你不开心的时候可以拿我撒气，在你最需要我的时候，我一定会在你身边。你愿意嫁给我吗？

桃子哭成泪人，点点头。

因为高阳家境不算好，桃子也很体谅，并没有过度要求一个多么盛大的婚礼，而是简简单单的，在亲戚朋友们的祝福下结了婚。

桃子说，他那么体贴我，我也应该要体贴他。

4

何为暖男。

暖男，是指像和煦的阳光那样，能给人温暖感觉的男子。他们通常细致体贴、能顾家、会做饭，更重要的是能很好地理解和体恤别人的情感。

对啊，最重要的是，能很好地理解和体恤别人的情感。

两个人相处，你可以没钱没颜，但是最重要的不能没有暖。因为暖是维持两个人关系长久的秘诀。也许只是一句正常的关心，也许只是一份简单却充满爱心的晚餐，也许只是几句温暖而贴心的关照，也许就仅仅是一个温暖的微笑。

是在冷的时候能有他的温度，是在伤心的时候能有他的肩膀，是在委屈的时候能有他替你擦去泪水的双手，是在开心的时候回眸间有他温暖的笑容。

没有谁会喜欢一个冷冰冰的爱人，没有谁会爱上一个没有暖意的爱人，也没有谁会愿意嫁给一个自我的爱人。

我们需要的不多。你可以没钱，我们可以一起努力挣钱。你可以没颜，因为我也不是那么美。但是你不能没有的，是暖。你温暖了我，而我，也一定会给予你同样的温暖。

这才是充满温度和暖意的最好的爱情和婚姻。

不被闺蜜认可的男人
最好别要

<u>1</u>

电视剧《欢乐颂》仅播出几集就收获好评一片，播出的几集中邱莹莹与渣男白主管的事给我留下了深刻的印象。

邱莹莹和渣男白主管在一起时，她的好朋友关雎尔就表示出对莹莹这段恋情的担心，从晚归到夜不归宿，到鼓励莹莹跟她一起合租，关雎尔从头到尾都表示出对白主管的否定。

而一起吃大闸蟹时，曲筱绡也就很明显瞧出白主管并不是个好男人，说"什么眼光呀"，也注意到白主管的眼神从来不在邱莹莹的身上，而是在滴溜溜地四处乱看，然后做出判断：十有八九，猥琐男一个。

身边的人都看清了，却唯独邱莹莹自己沉浸在突如其来的爱情里不能自拔，确实应了那句老话：旁观者清当局者迷。爱情中的女人是盲目的，而往往这个时候闺蜜会给你最中肯的建议，因为真心把你当作朋友，所以会不顾忌地说出自己的意见，也想让你变得清醒一些。闺蜜是最了解你的人，知道你适合什么样的爱人，比你了解你自己，知道你的脾性，也能从很多你看不到的方面来评价你的爱人，而那些反而是你最容易忽略的最关键的地方。

所以说，连闺蜜都不认可的爱人，要他干吗？

2

我和顾苝刚在一起时，我的闺蜜猫猫就表示出对这段恋情的反对和对顾苝的各种不满意。我认识顾苝，算是很长时间了，对他很欣赏，第一次对猫猫表示出对顾苝的好感时，猫猫第一句话就是说，你怎么会看上这样的男人，顾苝哪里都配不上你。

我那时反驳她，爱情里哪有什么配不配得上，只有合不合适，我和顾苝性情都挺温和，也很聊得来，老家也靠得很近，这一切不是很完美吗，怎么会像猫猫说的那么严重。

猫猫说，阿来，顾苝不适合你。也许就像你说的那样，爱情里没有什么配不配得上，但是很明显的，我了解你，知道你适合什么样的人，而且，顾苝不是一个好的爱人，真的。

我摇摇头表示不信，那个时候的我确实沉浸在刚谈恋爱的兴奋和幸福里，着实没有心思去细细思考猫猫的话，也没有把猫猫的意见放在心上，每天跟顾苝浓情蜜意，也渐渐和猫猫联系得不多，因为每次跟猫猫聊天，我都在说顾苝，猫猫很不耐烦，也不愿意听我跟他的事。

可是，相处的时间变久了，我也渐渐发现，顾苝这个人的脾性真的不如我想象中那么好，而且很多事情光说不做，每次我跟他聊到未来的时候，他的态度都很避讳，二十六七岁了，自己也不知道自己究竟要干什么。

顾芘还总是跟我说，阿来，怎么办，我该怎么办，我自己都不知道要干些什么。这些话听第一遍的时候我会鼓励他，让他打起精神，未来总会变好的。听第二第三遍的时候，我也会耐着性子说，不急，慢慢来，要加油，别这么悲观。

可这些话听得多了，我不禁也开始怀疑自己，开始怀疑顾芘。怀疑自己是不是选择错了顾芘，而怀疑顾芘的是，顾芘为什么作为一个男人不能勇敢承担这些事，总给自己悲观的思想，还一直光说不做，这不是一个男人该有的行为。

我把这些怀疑讲给猫猫听的时候，猫猫笑了，说，我早说过了，顾芘不适合你，他跟不上你的脚步的，也真的是配不上你。

我在感受到对顾芘的怀疑后，才渐渐冷静下来，细细地听猫猫的分析，猫猫说的话我至今记得：

不得不承认，顾芘这个人是有魅力的，能言善辩，但是你不觉得他说的话都太肤浅了吗？可行性并不高，一个光说但不会过脑子的男人其实是没有什么内涵的。其次，我还觉得他没那么喜欢你，因为如果喜欢你，为什么他不主动开口说要跟你在一起，而是让你一个女生主动说出要不要在一起的话，这也说明确实这个男人没多大担当。最后，你想想，你刚认识他不久，你也快毕业了，都已经找好了实习工作，他呢？一个对未来有规划的男人是不会这么漫无目的的，所以你看，你刚说每次跟他说未来的事，他都表现得很消极。既然如此，这样的男人还要干吗呢？而且，你早该放弃他了。只是你自己看不清这个男人身上有多少缺点，看不清他值不值得你托付一切。我跟你说你又不听，所以只有等你自己吃了苦头，自己感觉出不对你才知道。

所以，不被闺蜜认可的爱人最好别要。

3

为什么闺蜜不认可的爱人最好别要？

第一，在你一心追求自己的爱情时，却忽略了一些客观和关键的因素，而这些因素，闺蜜确实比你看得透看得清。情人眼里出西施，而闺蜜眼里出真知。

在你眼里，你喜欢的人一定是极好的，是一个没有缺点的完美男人。但是在闺蜜心里，她知道这是自己最好朋友喜欢的男人，自己一定要好好把个关，所以会全方位观察这个男人，会看出往往被你忽略的关键点，也会毫不避讳地告诉你她的想法，那个时候一定要镇静地听闺蜜的话，然后自己仔细思考，别被爱情冲昏了头脑。

第二，闺蜜了解你的脾气和性情，知道你适合什么样的人，知道你需要一个什么样的爱人。

闺蜜是除了你父母之外跟你最亲近的人，她们知道你的脾气是温和还是任性，也知道你的脾气适合找一个什么样的人，也许你需要一个跟你爱好相同，有共同语言的爱人，也许你需要一个能够忍受你坏脾气，能够惯着你的爱人，也许你需要一个共同进步，共同努力的爱人。这些闺蜜比你了解得清楚，所以，她们了解你，也知道你适合什么样的人。

第三，你失恋陪在你身边对你不离不弃的人只有闺蜜。这个世界上，你遇到的男人或许很多，但是失恋后能够不计前嫌，能够全心全意陪在你身边的只有闺蜜，她们会对你说，别哭，有我呢，我会一直在你身边，会张开双臂告诉你，她们的怀抱永远等着你。而等你真正找到一个很好的爱人后，她们会真心祝福你，也真心为你感到高兴。

4

所以，不被闺蜜认可的爱人最好别要。闺蜜总能给陷入爱情的你最好的、中肯的建议。

要不然，怎么能叫闺蜜呢？

3

不要让催婚的声音
停止你寻找真爱的脚步

千万不要为了结婚而结婚。该来的总会来，对的人总会来。无论早晚。

yuan ni dui

zhe ge shi jie

shen qing

ru chu

bu bei gu fu

只是在他眼里，
你没有优点而已

1

薇薇结婚的时候，新郎在台上说，我亲爱的薇薇，以后我会好好爱你，谢谢上天让我遇到你这么好的女孩子。

我看到薇薇喜极而泣，哭得不能自已。

我想现在，薇薇肯定放下了那个人，因为那个人曾经连薇薇的一点优点都没有说出来。

当时薇薇跟那个人分手的时候，拉着我，去大排档买来了几瓶酒，喝醉后的薇薇趴在桌上喃喃自语，为什么我在那个人眼里一点优点也没有？

我当时叹了口气，傻姑娘，你怎么会没有优点，只是在他眼里，你没有优点而已。

还好，现在，薇薇遇到了那个不仅包容她的缺点，还觉得薇薇有很多优点的他。

那个人叫作陆峰。

薇薇认识陆峰是同事介绍的，年纪不小的薇薇和三十而立的陆峰相亲的第一面觉得对方都不错，于是在一来二往后便确定了关系。

陆峰家里条件不错，有着不错的工作，是一个工程师。

薇薇是一家外企的业务经理，长相甜美，有些"卡哇伊"的那种，家里条件也是比较不错的。

门当户对，最重要的是薇薇很喜欢陆峰。

陆峰符合了薇薇对白马王子的所有定义，这对于没谈过恋爱的薇薇来说，有着致命的吸引力，薇薇就这么轻易地陷进去了。

薇薇第一次沮丧地来找我时，说，她惹陆峰生气了。

我讶异地问，怎么了。

薇薇说，今天陆峰带她去一家餐厅吃饭，因为今天陆峰一个项目通过了，他很高兴，多点了几个菜。

就薇薇和陆峰两个人，当然没吃完，甚至还有几个菜没动几口。

薇薇吃完饭就提议说把剩下的饭菜打包吧。

刚一说完，陆峰的脸色就沉了下来。薇薇有些捉摸不透，小心翼翼地问，怎么了？

陆峰沉着脸说，薇薇，你怎么这么小家子气，吃不完的饭还要打包带回家。

薇薇当即就懵圈了。因为薇薇觉得，这么多菜不打包简直太浪费了，打包带走，这没有什么不好的呀。

薇薇这种行为却被陆峰说成了小家子气，薇薇怕陆峰生气，就没有打包，一路上，陆峰都没和薇薇说几句话，后来沮丧地到了我这里，跟我诉苦。

我有些觉得陆峰是不是小题大做了，可能陆峰觉得薇薇打包的行为让他丢面子了吧，这是陆峰的想法，也并没有什么错，我安慰着薇薇。

2

可是我没想到，薇薇第二次是哭着来找我。

开口就是，怎么办怎么办，我又惹陆峰生气了，这次真的很厉害。

我连忙说，怎么了怎么了，你坐下慢慢说。

薇薇哭得上气不接下气，慢慢跟我讲述了事情的经过。

薇薇这个人不善言辞，朋友聚会的时候也只是在一旁安静地坐着，听我们讲话，在陌生人面前更不大会讲话。

陆峰带着薇薇去见他的同事，他的同事都在调侃陆峰和薇薇，陆峰礼貌地应付，薇薇不知道该怎么办，实在不知道该怎么应付这个场合，就一直在旁边礼貌地笑，适时地点点头。

结果饭局一散，陆峰就板着脸问薇薇刚刚怎么什么话都不讲。

薇薇被吓到了，支支吾吾说，不知道该说什么，所以就没讲话。

陆峰气呼呼来了句，你这样真让人带不出去，薇薇！

薇薇没想到陆峰一下子变得这么凶，想想又觉得委屈，因为她觉得不知道说什么好就干脆少说话，这并没有错的啊。

我也有些不知道该怎么劝慰薇薇。因为在我们眼里，薇薇温柔娴静，浑身上下都是温婉的味道，应该很吸引男孩子，没想到到了陆峰那里就变成带不出去了。

3

彻底让薇薇崩溃的那天，是薇薇带着陆峰去参加公司举办的年会。

席间，薇薇的同事笑嘻嘻地问薇薇，陆峰这个人哪里吸引了薇薇。

薇薇温和地笑，害羞地说，陆峰很有绅士风度，说陆峰很有才，说陆峰幽默风趣。

薇薇回答完后，同事们开始问陆峰眼里薇薇的优点，结果，陆峰竟然异常沉默，然后支支吾吾什么都没说出来。

顿时气氛有些尴尬，薇薇更是不可置信地看着陆峰，陆峰抱歉地对薇薇笑。薇薇的心一下子坠落到深渊。

年会结束后，陆峰送薇薇回家，说，薇薇，对不起。

薇薇却很冷静，说，我们分手吧。陆峰沉默了会，点点头。这段恋情也就此而终。

4

薇薇失恋后有一段感情空窗期，那段时间，薇薇觉得自己哪里都不好，本来挺自信的薇薇变得特别不自信。不过一年后，她接受了现在的老公温浩的求爱。

温浩是薇薇的高中同学，在很久没举办的高中同学聚会里，他看到了坐在角落一直温柔笑着的薇薇，觉得薇薇特别的好看。

薇薇介绍温浩给我认识的饭局上，薇薇说要把剩下的菜打包，去叫服务员的时候，我问温浩，你不觉得薇薇小家子气吗？

温浩一脸诧异，怎么会呢，这说明薇薇不浪费啊，而且说明薇薇会过日子，怎么会小家子气呢。

我问温浩，你觉得薇薇还有哪些优点。

温浩毫不犹豫地说了一大串，看着温浩的样子，我觉得薇薇在他心里好像是一个很完美的女人，然后我看到了站在门口的薇薇，薇薇满脸动容，我偷笑，这下薇薇会很幸福的。

让薇薇下定决心和温浩结婚是一件很小的事。

薇薇的同事听说温浩最近要去日本，想托薇薇跟温浩讲带一两件东西，薇薇有些犹豫。因为和陆峰在一起时，陆峰要去韩国出差，薇薇的妹妹想托陆峰带些东西，被陆峰严词拒绝，还说，薇薇怎么这么爱管闲事。

薇薇经不住同事的哀求，小心翼翼地跟温浩说了这件事，温浩连连答应，说没问题。

薇薇问，你不会觉得我多管闲事吗？

温浩笑着说，怎么会，你帮你同事一个忙，以后你也会有事要同事帮忙的时候。

薇薇心里暖暖的。

5

我们都需要一个能看得到我们优点的爱人。

能够发现对方的优点并鼓励对方成为更好的人，这是很重要的。

不要为那个看不到你一点优点的人难过，因为，其实，只是在他眼里，你没有优点而已。

我们总会遇到那个在他眼里，我们什么都好的那个人；我们总会遇到那个不断给我们信心，让我们自信活着的人；我们总会遇到真心爱我们，鼓励我们做最好自己的人。

27 岁以后，
怎样从剩女变成"女神"

1

随着年龄的增长，身边很多跟我同龄或者是比我年纪稍大一点的姑娘，已经经常把"剩女"这个词不时挂在嘴上提起了。

何为剩女？剩女是指已经过了社会一般所认为的适婚年龄，但是仍然未结婚的女性，广义上是指 27 岁或以上的单身女性。

有位一直相亲却一直没找到合适的对象的邻居姐姐，时不时跟我来几句，怎么办，我已经成剩女了，好可怕！

我说，剩女一点也不可怕好吗？关键是，你要学会如何从剩女变成"女神"，这才是一门很大的学问。

2

第一，不要相信内心美好是最重要，其实外表美好才更重要。

剩女怎么了，首先你不能把自己就定义成剩女啊。我经常见到很多大龄剩女，蓬头垢面，每天奔波于各种相亲之间，每天愁苦满面地说，唉，我怎么还没找到男朋友，我怎么就是找不到男朋友呢？

面对这种哭天喊地，悲切非常的呐喊，我都会特别鄙视地说，你去照照镜子看看自己吧。

这种自怨自艾，成天把找男朋友当作生活重心的剩女脸上自然没有光彩。她除了每天抱怨和纳闷自己为什么找不到男朋友，是绝对想不到多花些时间去打扮自己。

人靠衣装，也靠靓装。

远方堂姐是典型的剩女代表。她读书很好，但是就是因为读书读得很多，所以不大会打扮自己。每次见到她，都是黑色的边框眼镜，穿的跟四五十岁保守的老妇女一样，一点也看不出，二十七八岁正值姑娘最美的样子。她的性情也很懦弱，一被长辈说这么大年纪还找不到男朋友，就哭得梨花带雨的。

家人都看不下去了，都说，你怎么不花时间打扮打扮自己，总这样去相亲谁会看上你呢。

她总坚持说，真正爱我的人是不会在乎我的外表的！

你连一点吸引男人目光的东西都没有，还想让男人直接透过你古板的穿着看到你美好的内心？

呵呵哒，活该你剩女。

你宁愿相信那种真正爱你的人是不会在乎你外表这种瞎话，也不愿改变自己，让自己变得光鲜亮丽些，那你不被剩下还有谁呢？

你要学会改变自己，要知道这个社会，没有人会直接看到你美好的内心，每个人第一眼看到的都是你的外表，外表美好了，男人才愿意去接近你，进而发现你美好的内心，这样的你只会变成让男人更加爱不释手的"盛女"。把自己打扮得有些风采，也是对每个姑娘自己最好的尊重。

3

不要一味地模仿别人，有自己的风格才最重要。

一些剩女剩得实在害怕了，开始想方设法改变自己。

看到电视上很多明星做一字眉很好看，就想自己要是做一个肯定也很好看，然后什么也不管、什么也不顾地就去做，做完了发现自己的脸型根本不适合。这种例子很多。

亲爱的姑娘们，不要一味地模仿别人，适合你的风格才是最好的风格，能把自己的风格变成自己身上吸引别人的一大亮点，这才是最重要的。不要去迎合别人的口味，不要去模仿别人的风格。你要时刻对自己说，我就是我，是不一样的烟火。

我认识的燕子小姐，今年 30 岁了，好不容易跳槽到一家新的公司，很快对自己年方 32 岁的上司有了好感。

千方百计打听到，好像上司喜欢温婉型的姑娘，燕子立即把上班的套装换成了套裙，还去把自己美美的卷发烫成了直发，头发披在肩上，确实，有些温婉，但我看上去总觉得不是燕子的风格。

燕子连说话都开始变，其实燕子是典型的傻白甜的女孩子，标准的娃娃脸配上以前卷发盘起来的丸子头，真的是很可爱，一点也不像 30 岁的样子。原先笑起来傻呵呵的，现在笑起来笑不露齿，生怕被上司看到了她不温婉的样子。

燕子哭着打电话给我时，从她断断续续的哭诉中我是听懂了，原来上司刚有女朋友了。当然了，这还不是让燕子最伤心难过的，最让燕子伤心难过的是，上司的女朋友就是以前燕子的风格。

我叹了口气，说，为了迎合他的口味改变自己，结果人家根本不好你改变的那口，不是自作自受是什么。

燕子说，啊，怪不得，我以前都是这样的。

我惊呆了，原来不止上司这一个，以前燕子碰上有感觉的，喜欢的男人，也总会刻意打扮成那个男人所谓的喜欢的风格。

这就是个误区啊，男人真爱你，爱的就应该是你这个人，而不是爱你成为他理想中的那个样子。

这就是燕子被剩下的原因，她不懂，其实个性而独特的自己才是她最棒的风格。她本身就是最好的样子，无须刻意去模仿别人，去迎合别人的口味，你就是你，个性，独立，可爱，这都是你最闪亮的地方。其实就是因为不自信，你才会想去模仿别人。其实不然，自信才是一个女人的最大风采。

也总会有一个人，爱这样真实个性的你。

燕子再也不装温婉了，她恢复了自己本身的样子，结果，办公室里同时有两个男同事对她展开了追求。

4

所以说，剩女可怕吗？我觉得并不可怕，只是我们要学会的是如何从剩女变成"女神"，这才是重要的事情。其实，我们每个人都是"女神"。

首先要打理好自己的外表，外表美是吸引目光的第一要素。

其次就是要有自己的风格，知道适合自己的才是最好的，要自信，有个性。

每一个姑娘都是一个特别的姑娘，也必然会遇到正确的人。不要被"剩女"这个词所束缚，二十七八岁怎么了，三十几岁怎么了，这都还是如花的年纪，我们美丽，我们自信，我们就不会做"剩女"，而是做一个在如花的年纪盛开的"女神"。

爱情里，
要做最真的自己

1

胡玥苦追许久的学长第一次答应和胡玥一起吃饭的时候，我看着胡玥在我的柜子里翻来翻去，只为了找一条适合她的，比较淑女一点的裙子。

我实在看不下去了，说，姐们，有必要一定要穿裙子吗？

胡玥手忙不过来，一边翻箱倒柜一边说，很有必要，因为听说他喜欢淑女，最好是穿长裙的淑女。

我翻了个白眼，甚至都难以想象胡玥穿着裙子是什么样子，因为在我认识胡玥的这 10 年里，胡玥从来没穿过裙子，她平时的穿着也跟"淑女"一点也搭不上边。

让开，我给你找，你看你把我的柜子翻成了什么样。我气呼呼地对胡玥说，胡玥吐了吐舌头，站在了一旁。

我一边拿出我今年刚买的，自己还没舍得穿的米白色长裙时，一边对胡玥说，他喜欢什么样你就穿成什么样，可你本来就不是那样，干吗偏偏为难自己变成那个样。

估计胡玥被我的这几句话搞晕了，摆摆手示意我不要再说了，然后拿着长裙就出去了。

看着胡玥穿着米白色长裙背着我的小包包出门时，我说，胡玥，我劝你，我觉得你还是穿休闲服牛仔裤更好看点，更加适合你一点，真的，我这可是良心建议啊。

胡玥瞪着我说，闭嘴！

我噤声。可我说的没错啊，胡玥的性格是属于那种大大咧咧的，很直爽，从来都是穿着衬衫牛仔裤，有一头很干练的短发，她的那一双大长腿穿着牛仔裤真的可好看了。她呀，是真的不适合穿裙子。

而且我纳闷，爱情里，不应该都是最真实的自己吗？

2

那晚，胡玥吃完饭一回家，就把高跟鞋丢在一旁，回到房间里换上平时穿的衣服，样子好像是累极了一般，在沙发上说，装了一晚上淑女真累。

我在一边感慨，你也知道很累啊，在他面前，你为什么不做真实的自己呢？

胡玥叹了口气，说，我真的喜欢他好久了，好不容易有次一起吃饭的机会，听别人说，他喜欢淑女，喜欢穿裙子的女孩子，我就得把握住这次难得的机会啊，当然得穿成他喜欢的样子呀。

我摇了摇头，说，可是，就算这样子你们最后在一起了，以后接触的机会多了，他发现你不是个淑女到时候你该怎么办呢？

胡玥顿住不说话。

胡玥确实不是个淑女，但是在我眼里，她依旧是一个很有魅力的女孩子，干净，简单，阳光，干练。

她大大咧咧，性格特别直爽，很乐于助人，看到人总是一副笑呵呵的样子，嘴角的小梨窝真是可爱极了，再加上清爽的短发，很有魅力。

我说，第一次吃饭你就这么累，你要想想以后怎么办，对了，今天约会怎么样？

胡玥脸上这才有了神采，说学长跟她讲了好多话，学长还会关心她的生活和工作，学长还说了一些小时候的事情给她听。

看样子，学长对胡玥也不是完全没意思的。

胡玥突然从沙发上坐起来，可怜兮兮地看着我说，有吃的吗？

我大惊，你没吃饱？

胡玥特别不好意思地说，因为装淑女，吃饭都是一小口一小口地，没吃饱……

我叹了口气，起身去给胡玥弄吃的。

我想，唉，这根本不是爱情最真实的样子啊。

3

胡玥第二次跟学长吃饭时，依旧穿的裙子，高跟鞋，这次还化了个妆，我苦口婆心劝胡玥，没必要这样的，就照以前的样子来，学长要是喜欢你，是不会在意你是不是淑女的。

胡玥有些动容，但依然裙子装扮地出门了，我看着她离开的背影无奈地摇摇头。

爱情中的女人都是这样，生怕自己脸上哪个妆容没画好，生怕自己的衣服穿得不好看，生怕自己不是喜欢的人喜欢的样子，可是她们也往往忽视了爱情的本质，那就是在对方眼里，一定要做最真实的自己。如果想长远地走下去，这是很必要的。

因为两个人在一起，不是说你光鲜亮丽的，你是他理想型的，你就能跟他生活一辈子？跟他在一起那么久，你不可能永远戴着面具呀。

其实我对胡玥的坚持也能够体谅，毕竟胡玥那么喜欢学长，喜欢是毫无理由的，也是可以被理解的。哪怕只是听别人讲，学长喜欢淑女，她也要努力变成淑女的样子。这就是一个女孩子为了心爱的人可以拥有的勇气，想要变得跟自己喜欢的人心目中理想的对象更吻合一点。

这就是爱情的力量。它或许可以让一个女孩子变成一个完全不一样的自己，这个自己可以是更优秀，更吸引人，但是也可能会是面目全非的。

4

胡玥跟学长发展得很顺利，还确定了关系，可是胡玥并没有想象中开心。

我看在眼里，问胡玥，为什么在一起了还是不开心。

胡玥哀号了一声，倒苦水般地说，每次在一起吃饭都吃不饱，还要穿着我根本不喜欢的裙子，看电影明明不喜欢看动作片却还要装作很喜欢看，怎么能开心得起来。

这是我预料之内的，所以我一点点也没有惊讶到。

我决定好好劝一劝胡玥。

我说，胡玥，你爱他吗？

胡玥说，爱。

那他爱你吗？

胡玥这下有点犹豫了，小声地说，应该爱的。

你看，这段恋情让你对最基本的他爱不爱你这样子的选择题都为难了。其实你自己都不自信，自己也不敢肯定现在的自己是不是他喜欢的样子。如果他爱你，他肯定会爱你最真实的样子，而不是你表面上的淑女和温婉，每个人喜欢的类型都是不一样的，爱情应该是让人感到幸福快乐没有拘束感的，你现在根本体会不到爱情的滋味，甚至觉得越来越累，越来越不开心，你还觉得这样是正确的吗？你觉得这样的感情是你需要的吗？

我的一番话让胡玥红了眼睛，可能我说的话戳中了胡玥这段日子以来的心酸和委屈，胡玥默默没说话，回到了自己的房间。

第二天胡玥出门的时候，穿的是自己经常穿的衣服，很决绝地对我说，我会跟他聊聊。

带着纠结、害怕（怕被拒绝）和好不容易鼓起来的勇气，胡玥出门了。

我看着胡玥，觉得勇于做真实自己的胡玥今天特别的美，特别的有魅力。

5

胡玥和学长邀请我吃饭的时候，我看到胡玥依偎在学长的身边，脸上是发自内心的开心。

那天，她哭着回来的时候，我真以为学长跟她分手了。

结果这丫头是感动的，学长听她说完后，特别无奈地说，谁跟你说我喜欢淑女的。

胡玥一脸迷茫地说，是谁谁谁说的。

学长听完笑了，说他可从来没说过喜欢淑女的话，跟胡玥在一起的原因是，在学校里他就对这个总是跟在他后面的小学妹有意思了。

学长抱着胡玥说，以前学校里你就像个假小子一样，那个时候我就对你有意了啊，我还以为你工作以后转变风格了呢。傻姑娘，以后你本该是什么样子就是什么样子啊。我喜欢的是你这个人，又不是你穿的那些衣服，笨蛋。

<u>6</u>

其实，爱情里，本该就做彼此最舒服的自己，做生活里最真实的自己。

这才是爱情最真实的样子。

被需要，
是爱情的一大部分

1

收到风唯分手的消息，我和我的小伙伴都惊呆了。风唯的男友陆起是风唯的高中和大学同学，那是绝对的高富帅，创业多年直到最近才风生水起。我们都以为陆起有钱了抛弃了风唯，风唯却苦笑，说，不是他抛弃我，是我跟他分的手。

我们大惊，问，为什么。

风唯沉默了很久，才说，跟他在一起，我根本感觉不到被需要，不被需要在爱情里简直太可怕了。风唯跟我们讲了三件事。

风唯和陆起谈恋爱的第二年，陆起彼时已经大四，面临毕业，他自己准备要创业，风唯作为他的女朋友当然是无条件支持他。陆起从那时就不再经常陪伴在风唯身边，风唯也很体谅，从来没有说过怨言。风唯知道，创业是很辛苦的，陆起也不容易。

一开始还好，可是有一次突然一连好几天，陆起没有联系她，风唯有些不安，因为不管再怎么忙，陆起以前也会给她发个信息打个电话的，一连几天没有消息，而且，风唯给陆起打电话，手机是通的，却一直没人接。

风唯很是担心，她辗转找到了陆起舍友的联系方式，才知道陆起其实就在学校，不过心情不大好。听那位舍友隐隐约约地说，貌似是陆起炒股损失了很多钱，创业的资金一下子没有了一大半，最近借酒消愁，每天叫上舍友出去喝酒，喝到很晚才回来。

风唯大惊，这么大的事陆起竟然没有告诉她，还跟她断了联系。

那天晚上，风唯接到陆起舍友的电话赶到小酒馆时，看到陆起喝得烂醉的样子很是心痛，她说，更心痛的是，陆起竟然瞒着她。

后来，她问陆起为什么瞒着她，陆起却很云淡风轻地回，没什么大事，觉得没必要告诉她。这件事就这么云淡风轻地过去了，事后，朋友跟风唯说，也许男人的自尊心不允许陆起告诉她吧，风唯想了想，也是这个道理。陆起和风唯虽没有再提起这件事，风唯却把这件事深深记在了心里。

2

第二件更是让我们惊奇不已。

风唯大三暑假的时候，有段时间跟陆起打电话，听上去就觉得陆起声音不大对，追问陆起，陆起却说没什么，只是说有些累。女人的第六感总是很强烈的，风唯不信，一直追问，陆起就是不说，只是一直说，没事没事。风唯在电话里听到陆起那里很吵，就说，陆起，我们是男女朋友，不是什么陌生人，你发生了什么事跟我说，我陪你一起面对不好吗？

陆起在电话那头沉默了很久，还是说，没事。

风唯快疯了，也气得不轻。忍了两天没有联系陆起，陆起也没有联系她。但是，这也更让风唯担心，风唯隐隐约约总感觉陆起有什么事情瞒着她，还是不好的事情。

第三天，在和高中同学聊天的过程里，风唯才知道陆起的奶奶去世了。陆起现在还在老家参加奶奶的丧礼，风唯很是吃惊，如果说上一次的事不是什么大事，那么这一次的事应该不小了吧。风唯更加难过加失望，这根本不是她想象的爱情的样子，她原本以为两个人在一起是该被互相需要的，尤其是当哪一方遇到了不好的事情，都应该相互陪伴，一起面对。

一周后，陆起联系她了，依旧没提起奶奶去世的事情，风唯也装作不知道，因为风唯想，也许奶奶真的对陆起很重要，她怕她跟陆起提起这件事，陆起会更加伤心难过，既然陆起不告诉她，也是不想让她担心吧。这是风唯冷静时想出来的原因。风唯也想，自己一定要对陆起更加关心一点，多体贴一点。一定是自己不够关心和体贴，没有扮演好女朋友的角色，才让陆起在伤心难过的时候没想起她。

3

可是，接下来发生的第三件事，是让风唯爆发的关键导火线。

风唯也快毕业了，和陆起一起在学校租了房子。一天晚上，风唯在家里等陆起到很晚很晚，坐在沙发上看手机，没有陆起的短信和电话，看时间，也已经快凌晨两点了。

3点的时候，陆起回来了，一身酒气。风唯什么也没说，起身帮陆起换了衣服给他倒了水，让他能舒舒服服地睡觉。

第二天一早，风唯很平静地问，陆起，你昨晚干什么去了。

陆起一脸兴奋，抱着风唯，说，风唯，我接到第一笔大单子了！昨晚我和公司的人去吃庆功宴了！今天我陪你去逛街，好吗？

风唯却轻轻地推开了他，说，陆起，我们分手吧。

说到这里的时候，风唯掉下了眼泪，她跟我们几个朋友说，你们不知道那个晚上我坐在那里看着熟睡的陆起，心里面到底想了些什么。我彻夜未眠，看着他，熟悉的脸却感觉不到任何熟悉的味道。之前的事，我跟自己说，陆起是不想让我担心，可是为什么他有高兴的事，也都没有想到跟我第一个分享。哪怕那晚他主动给我一个电话，一条短信告诉我一下有什么事情，那就行了，这么简单的事情，他也做不到，也想不到我，我根本感觉不到爱情里被需要的感觉。

4

我听着，无比心酸。是啊，这样的恋爱再谈下去还有什么意思呢？

女人的想法很简单，觉得谈了恋爱，对方就是自己的一切，也觉得，恋人之间什么事都要一起承担，一起分享，这才是恋爱的根本。毕竟，爱情是两个人的事情。也许男人伤心的事情不告诉女人，是因为怕女人担心，可是如果男人连高兴的事情第一时间也想不到告诉自己的女朋友，那个姑娘该有多心酸。爱情里，不被需要，还有什么意思。

风唯说，你们知道吗？和陆起分手时我竟然一点感觉也没有，因为我知道我不被他需要，我的离开根本不会对他造成什么影响，可能他根本不爱我吧，我根本不是能牵动他心思的那个人。

风唯后来自嘲地说，不提了，那都是过去的事了，我现在跟杨帆在一起了，年底打算订婚。杨帆是追求风唯多年的男生，没有像陆起一样出色的外貌，家境也没有陆起那样好。

我们大惊，这么快。

风唯却笑着说，不快。

杨帆屡屡求职受挫时，他会跟陆起一样不说，但是他会讲，风唯，你陪在我身边就好；

杨帆应聘上特别喜欢的那份工作时，一出来就给她打了电话，跟她一起分享这个好消息；

杨帆拿到第一个月的工资时，不仅给他自己的父母买了礼物，还给风唯买了一个戒指，没有很大的钻石，没有很贵的价钱，但是风唯感动了，风唯感觉到了自己被需要，被杨帆需要。

5

　　所以啊，被需要，是爱情里很重要的一部分。这让我想起了黑人和范范的一段故事。

　　黑人和范范一直是我很喜欢的情侣。2007年，黑人爷爷重病，黑人不眠不休伴在爷爷病榻前，爷爷去世后，与爷爷感情很深的黑人很伤心，范范和黑人一起处理着爷爷的后事，黑人忍不住抱着女友范范大哭，两人紧紧相拥，这个拥抱给了当时伤心难过的黑人最大的安慰。

　　其实，在遇到伤心难过的时候，不要忘记身边的爱人，你的爱人正等待着要跟你一起承担伤痛，如果你为了她好却不告诉她，这样会更让她难过的。决定了要爱，决定了在一起，那就是两个人的事情。不能是一方需要另一方，也不能是另一方需要一方，相互被需要才是最重要的。要不然，怎么能一起携手走进婚姻的殿堂，面对以后的风风雨雨？

　　有一部港剧，男主对着女主是这样求婚的，当时女主已经身患疾病，"结婚的誓词，如果只是循例读出来是没有意义的，一定要实践出来。年轻时漂亮健康，当然爱，但当对方年纪渐大，又老又有皱纹，越来越多病痛，甚至眼看对方老死，难道就不爱了吗？既然将来不会离弃对方，现在也应该一样，如果因为对方有病就不爱，就不是真正的爱。没人知道生命的长短，即使我们是医生，也不能保证自己长命百岁，所以结婚誓词没说要保证白头偕老，却要保证无论健康疾病都要在一起。"

多么感人至深的一段话，这也说明了婚姻的真谛，就是携手一起面对困难，经得起风吹雨打的爱情才是幸福婚姻的基础。

　　所以，遇到任何事，都别忘记你的爱人。真正的爱人是会愿意跟你一起承担，渴望着被你需要。

别催婚，
催我谈恋爱好吗

1

到了待嫁的年纪，每次过完春节，我也是身心疲惫，很不解地问爸妈，为什么我才 25 岁就被催婚催得这么厉害？看远方堂姐 29 岁被催婚的场景更是惨不忍睹，堂姐就快写下血书保证今年一定会嫁出去了。

爸爸茫然地摇摇头，妈妈却一本正经地回答，你年纪老大不小了，难道不该结婚吗？

我特别惊恐地看着我妈，说，先别催我结婚，催我谈恋爱好吗？我连一场正儿八经的恋爱还没谈呢，怎么能先结婚！

我实在不了解为什么刚步入二十四五岁的年纪，长辈们都特别理直气壮地觉得，这个年纪就该早点结婚。在我看来，二十四五岁，刚好是好好谈一场恋爱的年纪啊！结婚是一件顺其自然的事，到了那个时候，缘分自会来，而两个人也刚好想安定下来，自然就会结婚。没好好地谈一两场恋爱就急着步入婚姻，那仓促的结合也必然是不幸福的。结婚前尚且需要一段时间来相互了解，更别提恋爱会教会我们更多的东西了。而结婚前那段相互了解的时间不也正是恋爱吗？

2

我一直觉得，恋爱在我的心里比结婚更加神圣，也更加有必要，因为恋爱时不用考虑其他因素，不用考虑家里的钱够不够用，不用考虑今天柴米油盐的日常开支，不用考虑家长里短的烦恼。

恋爱是可以肆意去享受的，只有恋爱，才会让我们感受到初恋的心跳，热恋时的难分难舍，吵架又和好的心情愉悦。就算分手了，我们也仍感激那个教会我们如何爱的人，也会对他说，可惜不是你，感谢不是你，陪我到最后。

只有恋爱才会教会我们如何去包容一个人，如何去过两个人的日子，如何磨合双方的脾气，也告诉我们，没有一个人是十全十美的，我们总要接纳一个人的缺点，才可以接纳一个人的全部，然后携手走入婚姻的殿堂。

只有经历过恋爱，我们懂得了一些东西的时候，走进的不是婚姻的坟墓，而是幸福的道路。

也只有经历过恋爱，我们也才知道，怎样才能成为合格的妻子。

3

闺蜜的表姐阿音就是个典型的例子。

曾无数次听闺蜜说起过阿音姐，她曾经是闺蜜的偶像。因为阿音姐以前是典型的直肠子，说话很直，做事风风火火，很有女汉子的风范，除了有些懒惰，家务活从来不干，毕竟都是宠着长大的女孩子，二十四五岁了还分不清哪个是盐哪个是糖，双手是不沾阳春水的。

阿音姐的第一个男朋友是她的高中同学，两个人坐在前后桌，天天打打闹闹地也就有了情意，自然而然发展成为恋人，但是不到一个月就分手了，因为阿音姐和那个男生因为一件小事吵架，阿音姐说话一向口没遮拦，说的话有些过了，伤害到了男孩的自尊心，于是男孩果断地分手了，也再没有理会一直道歉苦苦哀求的阿音姐。

有些话，一旦说出口就收不回了，就像人的心，一旦被伤害，十头牛也拉不回来了。

通过这段短暂而痛苦的初恋，阿音姐开始改变自己的脾气，说话也有了分寸，懂得一些话该说，一些话不该说，因为她知道了，语言才是这个世界上伤害别人最强大的武器。有的时候，不经意的一句话，就会伤害爱自己的人，关心自己的人。

阿音姐的第二段恋爱是在大学，是大学同学。两个人相处得很好，谈了将近一年，感情很是稳定。男孩子毕了业，阿音姐也快毕业了，所以男孩子提出带阿音姐回家见父母，阿音姐很是开心。

到了男朋友家，阿音姐觉得自己身为客人以及女朋友，不应该坐在那里只等着吃饭，于是跑到厨房想给男朋友的妈妈打下手，刚好男朋友的妈妈要去洗手间，吩咐阿音姐把菜放点盐就可以铲起来了，阿音姐茫然地点点头。

阿音姐可是从来没进过厨房的，正在纠结于该放多少盐的时候，菜煳了。

饭吃得很是尴尬。吃完后，阿音姐想弥补一下过错主动准备洗碗，结果，不小心砸碎了三四个碗。男朋友表面倒还好，没说什么，只是男朋友爸爸妈妈的脸色差得很，这大概才是最糟糕的地方。

回校以后，男孩子对阿音姐明显冷淡了下来，没过多久就说了分手，阿音姐哭得一把鼻涕一把泪，但是没用，男孩子头也不回地离开了。阿音姐从那时起开始变得勤快起来，开始学煮菜，开始学习做家务活。

一年以后，遇到了现在的老公。是相亲认识的，两个人的恋爱谈了半年就结婚了。结婚后，也并没有要阿音姐天天洗衣服做饭，干家务活，因为阿音姐的老公也很勤快，两个人把家打理得井井有条，谁下班早谁烧饭，两个人什么事都是好商好量的，生活很和谐。

因为婚姻本来就是两个人的事情，而恋爱是教会我们如何去爱的过程。

4

　其实就是这样的，一段恋爱能让你知道自己身上有哪些缺点，一段恋爱会教会你怎样做更好的人。直到现在阿音姐还特别感激自己的两位前任，是他们教给阿音姐一个道理：你们放弃了我，我才变成了更好的人。

　在这个什么都快节奏的社会，能不能谈一场慢一点的恋爱，结一场永久的婚姻。恋爱本就是要细水长流，才能汇入婚姻长河里的。

　亲爱的长辈们，别催婚好吗？请催我们谈恋爱，婚姻并不一定是幸福的终点，但是恋爱一定是通往幸福的过程。我们更希望听到你们说，赶紧谈个恋爱吧，总这么单着身多不好。不要一直催婚，不要让婚姻成为我们的枷锁，不要让婚姻成为令我们畏惧的坟墓，不要让婚姻阻挡我们好好谈一场恋爱。

　正是有着恋爱经历过的吵架和分离，我们也才会知道婚姻和人生的真谛是：离开的是风景，留下的才是人生。感激那些离开我们的人，让我们遇到了现在的他和新的人生。

　正是有着恋爱经历过的泪水和难舍，我们也才会知道婚姻的本质是：相互携手，共渡风雨。

　感谢那些牵过我们手的人，让我们遇到了为我们戴上戒指的他。

5

　　别催婚，催我们谈恋爱好吧！

　　别急着结婚，慢一点去享受恋爱的过程吧。慢慢走，慢慢欣赏，最终会与美好的风景相逢，尽头还有一个他在等待。

　　愿 你 对 这 个 世 界 深 情 如 初 ，不 被 辜 负

不要让催婚的声音
停止你寻找真爱的脚步

1

接到闺蜜晴雨的电话时，我还在上班。晴雨说，春节莫名地不想回家。

我深有同感地点点头，说，我也是。因为一回家，催婚的声音就不会停止。

走到哪里，都是来自四面八方的关心，找男朋友了没，什么时候结婚呀，去相亲吧……最让我和晴雨困惑的是，我们也才25岁，并没有到非嫁不可的年纪。

晴雨突然叹了口气，说，不知道于婷学姐过得怎么样了。我默然，没说话。

我和晴雨大学认识的于婷学姐是很好的人，于婷学姐在半年前突然结了婚，结婚后联系就变得少了。

我和晴雨最后一次见于婷学姐是在她的婚礼上。当时我们很惊讶地接到了她的结婚请柬，并来参加了婚礼。

当只有我们三个人的时候，我们问于婷学姐，怎么这么突然结婚了。

　　于婷学姐穿着婚纱，本该是一个女人最幸福最美的时候，她竟然哭了，说，实在是撑不下去了，太累了。

　　我们哑然，我们当然知道，于婷学姐今年 29 岁，家里催婚催得紧，可我们实在也想不到，于婷学姐竟然跟自己相亲认识不到一个月的男人结婚了。那个男人我们见到的时候，都觉得这个男人很不靠谱，看学姐的眼光也没有感受到爱意和对妻子的一种呵护。

　　我们对视了一眼，一起问，他对你好吗？

　　学姐眼神很空洞，坐在那里，捧着捧花，愣愣地说，有什么好不好的，不就这样吗，被催婚到现在，我都已经觉得结婚才是一种解脱。真的，我已经撑不下去了，你们都不知道我之前那一段时间快疯了，我怎么可能不管父母的想法？唉，就这样吧，我也没有办法了，结就结吧。

　　我们哑然，竟然到了这种地步。

　　这个时候，学姐的父母进来了，两位家长满脸的欣喜，看到我和晴雨就热情地招呼我们，学姐的妈妈坐在我们旁边，满意地看着学姐披上婚纱的样子，突然问，你们俩多大了。

　　我和晴雨愣在了那里，却不得不回答长辈的问题，也能猜想到学姐的妈妈会对我们说什么了。

　　学姐的妈妈听完我们的回答说，年纪也差不多了，赶紧找个人家嫁了吧，像于婷这样拖到 29 岁连挑都没得挑了。

我和晴雨有些尴尬，要不是亲耳听见，真的不敢相信，会有母亲这样说自己的女儿。于婷学姐坐在那里一脸抱歉的笑容，眼神空洞，看不到一点结婚的幸福。

<u>2</u>

我默然是因为，我前几天听一个离于婷学姐家不远的同学说，于婷学姐现在真的很不幸福。

同学说：婚后，于婷学姐不得已放弃了上海的工作回了老家，不多久，怀了孕，可是老公对她并没有那么好，所以，于婷学姐带着孩子现在很辛苦。

我没告诉晴雨，是因为怕晴雨难过，是因为于婷学姐曾经是晴雨特别特别崇拜的人，现在却活成了晴雨最讨厌的样子，那就是为了结婚而结婚。

我和晴雨都说过，永远不会为了结婚而结婚。我们也谈了几场无疾而终的恋爱，但就是还没遇到那个合适的可以结婚的真爱。

晴雨的家庭跟我不大一样，我有着体贴的父母，跟我提过几次催婚的事被我反对后就很少再提及。晴雨的老家那里结婚都比较早，晴雨毕业后，父母亲戚都一直催晴雨赶紧结婚。

晴雨很是反感，所以年关临近，我们都不大想回家。我虽然父母体贴，可是看到因为我的个人问题父母担心的脸庞，我的心也不好受。

挂了晴雨的电话，同事苏姐凑过来说，怎么，不想回家被催婚？

我无奈地笑笑然后点点头。苏姐一副过来人的样子说，确实呀，被催婚是件很可怕的事情啊。

我感同身受地点点头，然后说，是啊，再被催下去我都不敢相信我还能找到真爱了。

我问，苏姐，你每次回家不会被催婚，不会被安排各种相亲吗？苏姐三十有二，也还未婚。

苏姐爽朗地笑笑，说，当然会了，而是我不能让催婚的声音停止我寻找真爱的步伐啊。苏姐调皮地眨了眨眼，然后递过来一样东西。我接过来一看，大惊，是请柬。之前可是一点都没听说过苏姐要结婚，只听说苏姐刚交了一个男朋友不久。我们还催促苏姐说，遇到合适的人就赶紧嫁了吧。

我讶异地问，苏姐，真的准备嫁了啊。

苏姐满脸幸福地说，对啊，你们不是说，遇到合适的人就赶紧嫁了吗？我现在就是这样的感觉啊。我跟他刚认识半年，在一个朋友的婚礼上，虽然认识的时间不长，但是我们彼此就感觉是对的人，我们兴趣相投，脾气对头，这大概就是真爱吧。我们也都觉得想要跟对方在一起一辈子，我想这就是感情基础吧。而且，这半年，我们也已经足够了解了，哈哈，这下我妈的心事算是真正放下了，她啊，还以为我一辈子都不打算结婚呢。

我感慨地看着手里的红色请柬。

苏姐继续说，我家里人也给我安排过很多相亲，亲戚们也一直催婚，可是他们催就催吧，我依然坚持自己的想法，我就是觉得我会找到合适的人啊。32 岁，也不算太晚。再说，我的新生活也才刚刚开始啊，跟他在一起以后，我觉得每天都很开心，我很期待我们以后的生活。

苏姐笑着说：其实啊，真爱是会有的，总归是早晚的问题，结婚也总会结，总归也是早晚的问题。我不想因为催婚就稀里糊涂把自己嫁了，那样仓促地结合是不会幸福的。32 岁又怎样，只要找到对的人，结婚再晚也不迟啊。结婚啊，这可是一辈子的事，哪能马虎。

3

现在的社会和现实好像就是这样，当年龄步入 25 岁往后，我们就不得不被各种催婚的声音所烦恼。

可是，如果有对的人，我们也想早些结婚。关键是，我们还没遇到对的人。

催婚就像是催命符，让我们开始畏惧着过年回家，畏惧着见到各种长辈亲戚，畏惧着听到结婚这个词。

我们也不知道为什么，结婚这么神圣的事情在我们面前突然变得那么可怕。

保持心态平和，不要被催婚的声音逼迫得自己勉强做了自己不愿意去做的事情，然后把自己一生的幸福都搭在里面，实在不值得。跟一个根本没有感情的人结婚，拥有一段根本没有感情基础的婚姻，你的生活和日子怎么可能会开心幸福得起来？

不要被一时间的冲动迷昏了头脑，要知道结婚不是一件仓促就能解决的事情，这可是一辈子的经营。遇到好的爱人，那是你运气好，遇到不好的爱人，那你也只能自认倒霉。

所以，无论如何，不要让催婚的声音停止你寻找真爱的步伐。千万不要为了结婚而结婚。该来的总会来，对的人总会来，无论早晚。

4

辑

换位思考
是熬出美味爱情的秘方

不要让本身拥有的自私吞噬了在一起的美好，感情本该无私且相互理解。

yuan ni dui

zhe ge shi jie

shen qing

ru chu

bu bei gu fu

管你的女人
才是真的爱你

1

学长和舍友吵架了，两人刚新婚不久，舍友哭着打电话给我，我就赶紧约学长出来喝茶，学长知道我约他的原因，见到我的第一句话就是，是不是女人一旦结婚了都喜欢管着男人？

学长和舍友还是我介绍认识的，两个人刚结婚几个月而已。

我想了想说，管你的女人，才是真的爱你。

学长不解，我就给他讲了个故事。

故事里的男人和女人本来是八竿子也打不着的。

女人当时可是厂里的厂花，喜欢她、偷偷给她塞吃的男人可不止一个。而男人，看着文雅，但行为粗犷，语言粗犷，整个一鲁莽大汉。恰好，男人和女人是远房亲戚。当然了，没有血缘关系的那种。

于是，男人和女人在双方家长的默认下相亲了，然后顺理成章地结婚了。那个时候的婚姻，还是媒妁之言，父母之命。

男人吧，看到女人就觉得这个婚结对了，因为自己的媳妇真的很漂亮呀。而对于女人来说，真的是稀里糊涂结了这个婚，自己也想不通当时自己怎么想的。

男人说，女人年轻时就特啰唆，看着挺文静，其实啰唆得要命。女人说，男人年轻时就爱抽烟，看着挺干净文雅一汉子，没想到伸手就是抽烟。

所以，啰唆的女人结婚后说得最多的一句话就是，你给我戒烟！你再给我抽烟试试！

年轻时的男人刚结婚哪甘心被老婆管得死死的。

女人说不让男人做什么，男人偏要做。天天抽烟，不停地抽。女人性格也一直比较彪悍，看到他抽一根就扔掉他一根。

后来，南京的建筑所给男人投来橄榄枝，让男人去工作，男人开心得当晚就收拾东西，嘴里还哼着小曲，女人当时气的啊，死守着男人的烟没让他带走，男人哼了一声，来了句，我到了那里自己买。女人气得把他的那些烟都放煤炉里烧掉了。

建筑所每年都会有一个月的长假，男人第一次休假回来的时候，就有了气管炎。当时女人吹鼻子瞪眼地骂了他一通，说他一离家了就开始不自觉，说着说着后来就哭了，男人那次吓得可不轻，连忙道歉，说他错了他错了，毕竟女人第一次在他面前哭。女人红着眼睛说，真的，别抽烟了，对身体不好，而且，你不觉得我们应该要个孩子了吗？

男人动容，跟女人说，他戒。

2

女儿生下后，男人又开始抽烟，不仅抽烟，还爱上了喝几口小酒。因为男人工作的原因，常年不在家，女人每天一个电话，必说的话就是，你给我少喝点酒，少抽点烟。

男人特烦女人，但是又特怕女人，因为男人的工资卡都是女人掌管着，女人可是掌握着他的财政大权。

有一年，男人工程弄好了，老板跑了，男人不得已打电话跟女人说，要拿出以前存下的钱去给工人发工资，因为男人是包工头，包工头最不能拖欠民工工资了。

女人二话不说，把男人的存款和她自己的存款都拿给了男人，貌似不够，还跟亲戚朋友借了几万。那次男人回家，对女人出奇的温柔，烟也从不在女人面前抽，但是酒还是戒不掉。

因为那次工程失败，赔了好多钱，男人的性格一下子变得沉默寡言，南京的工作也干不下去了。由于失意郁闷，男人经常和几个朋友晚上约好瞒着女人出去喝酒，从以前的喝几口小酒到酗酒，每次喝得烂醉回来，女人摇摇头，什么也没说，她知道他心里苦。

没想到有一天，真出事儿了。有一天男人忘记了自己中午吃过消炎药，晚上依旧去喝了几斤白酒。出门前女人死拽着不让他去，他不听，挣脱了女人，跑出去了。

结果，那晚，被那几个朋友送到医院，差点命都没救过来。

女人死死拉着女儿的手，一直没哭，但是一看到从手术室里推出来的男人，女人瞬间泪崩。

男人醒来后，看到已经哭得眼睛都肿了的女人后悔得肠子都青了，女人哭着骂他，说，管着你嫌烦，不管着你，你就变成这副样子。你要是走了我和女儿怎么办呀。

男人看着女人歇斯底里的样子，突然觉得，他其实从来没讨厌过女人管他，其实他甚至感激女人以前一直管着他的钱，要不然，他工程失败那年真的要熬不过去了，可是就是因为感激女人，又因为失了业落魄至此，更不敢面对女人，所以才酗酒。

女人骂累了，搂着年幼的女儿坐在病床边，温柔地说，我知道你因为失业心情不好才喝酒，可是，你要顾及身体啊，你要是嫌我烦，我以后不啰唆了，只要你自己保重自己的身体。我这里还有些存款，你重新开始好吗？

看着明显消瘦很多的女人，一个大男人竟然哭了。

出院后，男人再也没有酗酒，也振作起来开始搞自己的工程，几年来，搞得风生水起。

女人真的没再管他，任他抽烟，所以男人抽烟抽得越来越厉害了。

3

故事讲到这里，学长看着我，我笑了笑，说，估计你也听出来了吧，这就是我爸我妈。"管你的女人，才是真的爱你"，这句话也是我爸跟我讲的。

这句话确实是我爸跟我说的。

有一天，我和闺蜜吃完饭看完电影回家，刚到小区楼下，就看到一个熟悉的身影坐在小区的长廊里，走近一看，果然是老爸。老爸看到我，被吓了一跳，差点把手上的烟头都扔了。看到是我，才说，小兔崽子，吓死我了。

我说，老爸，你又躲在这里抽烟！我要告诉我妈！

老爸继续吞云吐雾，说，就是不让你妈看到才在这里抽的，小兔崽子，你敢告状！

好吧，我确实不敢，我坐在了我爸旁边，突然有一个问题，我鼓起勇气开口，问，老爸，你讨厌我妈管着你吗？

老爸瞥了我一眼，然后把抽的烟掐灭了，跟我说，小兔崽子，你懂什么，管我的女人才是真的爱我。

我若有所思，我爸继续说，我亏欠你妈太多了。那时候我年轻，讨厌你妈啰唆，管我，我觉得结婚了都应该双方自由。你也知道，前几年我因为支气管炎加重住院，你妈什么都没说，那几年你妈确实都没怎么管我，但是住院后她依然尽心尽力地照顾我，住院的时候偶尔才会说几句，你年纪不小了，少抽几根啊什么的。我一下子觉得好像回到了那时她天天啰唆得要命的时候，却没有当时的反感，反而觉得温暖。那个时候，看着你妈忙碌的背影，我才觉得，有个管我的女人真幸福。

我爸从来没有这么直接地表达过对我妈的爱。现在他偶尔也会抽几根烟，但是绝对不会当着我妈的面抽，我问我爸，我妈又不是不允许你抽，你干吗每次都跑到楼下偷偷地抽。

我爸笑着说，抽烟本就不好，要是让你妈和你来抽二手烟，把你妈和你的身体也弄坏了怎么办。

我哑然，眼圈却红了。

4

我问学长，要是舍友哪一天不管你了，你觉得开心吗？学长沉默着不说话。

现在很多刚结婚的夫妻，都会因为刚步入婚姻围城，觉得受到了婚姻的约束，觉得不自由。

女人觉得男人这个生活习惯不好，那个生活习惯不好，总是一遍遍啰唆。男人觉得女人啰唆，管这管那，一点自由都没有，然后就开始无止境地争吵。

殊不知，那个愿意不厌其烦，总喜欢管着你的女人才是真的爱你。愿意时刻督促你，愿意照顾你的身体，愿意为你变成一个整天啰唆的家庭妇女，这才是直接而又最真实的爱。

等到经历了岁月的沉淀，等到年过半百时，再一次回头看一看陪在你身边的女人，当你发现她也老了，她的啰唆已经成为你生命的一部分，那时候，你才懂得，有个管你的女人有多幸福。

所以啊，男人请记住，管你的女人才是真的爱你。

忽冷忽热的爱人
不能要

1

香蕉小姐深夜给我打电话时，我在睡梦中都快跟我的男神亲上了，被电话吵醒，迷迷糊糊的，香蕉小姐的痛哭把我拉回现实，在电话那头哭着说，太累了，太累了，我要分手！

我对这种事早已习以为常，因为我太不赞成香蕉和核桃先生的恋情，而且这真的已经不是第一次了，我简直是哭笑不得。

我打着哈欠说，小姐，你这已经是第三次了。

香蕉突然间不哭了，特别镇定地说，这也是最后一次了。

我才彻底清醒过来，我知道，被伤透了心才会这么镇定。

香蕉继续说，阿来，之前你说得对，忽冷忽热的爱人不能要。

香蕉和核桃是大学学妹和学长的关系，核桃是大学的风云人物，吃饭的时候会暖心地给香蕉拉开凳子，会在香蕉喝汤呛着的时候递上一张纸巾。香蕉是核桃社团里认识的一位学妹，核桃对香蕉一见钟情，然后对香蕉展开了强烈的攻势。

任何一个帅气优秀的男孩子跟女孩子告白，女孩子都难以拒绝。

香蕉扭扭捏捏了一个星期后，答应了核桃的求爱。

香蕉特别开心特别高兴地跟我说，她谈恋爱了。作为闺蜜的我自然也很开心，能找个优秀帅气的男孩子做男朋友，是香蕉的幸运。当然了，能找到香蕉这么温和漂亮的女孩子，也是核桃的福分。

香蕉开始在朋友圈秀恩爱，听说核桃每天都会给他买早餐，听说核桃会在生日的时候给她惊喜。

<u>2</u>

这一切，我们很多朋友都看在眼里。

可是，当香蕉一周没有在朋友圈秀恩爱的时候，我感到有些不对劲。

跟香蕉见面时，香蕉的脸上果然不是很开心。

我问，怎么了，热恋中不高兴吗？

香蕉有些迟疑，表情有些黯然，还是很无奈地说，阿来，刚开始他是对我很好，真的，好到我很感动的地步，可是渐渐地，从最近一周开始，他变得有些忽冷忽热。

我讶异，问，怎么叫忽冷忽热呢？

香蕉很认真地想，刚开始对我真的很好，现在有的时候会一连几天也不联系我，这让我很没安全感，就最近，他已经一周没有联系我了。

这下我大惊了，再怎么谈恋爱的恋人，也不会有一周不联系自己的恋人吧。

我说，他没告诉你原因吗？

香蕉说，我问过他，可他都说有些忙，然后我就不好意思再找他了。

我摇摇头，不对，忙根本不是借口，谈恋爱时这种忽冷忽热的爱人太不靠谱了。

但我没说，我想，也许核桃有什么事，或者有什么难言之隐才会冷落香蕉一周吧。

我劝说香蕉，好好跟核桃聊一聊，香蕉点点头。

3

香蕉和核桃具体聊了什么我不知道，我只知道香蕉聊完兴奋地打电话跟我说，她跟核桃谈过了，核桃说以后不会这样了。

我想，最好是这样。

也才不过一个月，香蕉主动约我出来，满眼里都是憔悴。

她在我面前，红着眼睛说，核桃又一连几天没有联系过她了。

我的天。这哪是谈恋爱啊。

我连忙安慰香蕉，这次我很确信地跟香蕉说，香蕉，忽冷忽热的爱人不能要啊。

香蕉哭完了后，却红着眼睛跟我说，可是他之前确实对我很好啊。

我无奈地摇摇头，之前是之前，可是现在呢？这几天你有联系过核桃吗？

我的话还没说完，香蕉的手机响了，香蕉满脸惊喜地拿起手机，说，是核桃！然后就接起电话。

所以这次谈心又以核桃的电话而告终。

核桃在电话里说这几天因为赶一个大作业所以比较忙，没有时间联系香蕉。

又是忙？

难道就因为忙就可以冷落自己追来的女朋友？还是，因为追到了就开始不放在心上了？这种例子简直是太多太多了。

香蕉傻乎乎地信了，一脸欢喜地去找核桃，留下我一个人在那里叹气，傻姑娘哟。

4

接下来的几天，又被香蕉的秀恩爱刷屏。

我也已经从当初的为她高兴到现在的为她不值，只是香蕉自己还没有看清。其实，忽冷忽热，就是不把你当回事儿。

这次的时间有些长，香蕉在两个月后给我打电话的时候，我正在公司里实习。

香蕉说，核桃又不联系她了，语气里都是哭音。我真的纳闷了，也来火了，我说，核桃是不是有新欢了？

香蕉下意识反驳说，怎么可能。

怎么就不可能！这次他多久没联系你了？我气呼呼地问。

香蕉支支吾吾说，半个月。

半个月？我真的很无语，都半个月了，香蕉还在为他找说辞。半个月不理自己的女朋友，这难道又是忙？简直太不能原谅了。

香蕉已经听出我语气里的愤怒了，赶紧说，他也不是不理我，就是不主动联系我，我给他打电话他还是接的，只不过说不上几句话他就说有些忙就挂了。

我扶额，天哪，这种男人就是那种典型的追到了就不放在心上的男人啊。

我一字一字跟香蕉说，香蕉！这种男人不要也罢！

香蕉沉默了很久，说，好，那我分手。

结果，还是没分得成。

香蕉说完分手的第二天，核桃就拿着一大束玫瑰花来跟香蕉赔罪，香蕉心软，还是没分得成。

我却已经隐隐约约觉得这个男人一定还会有下次，香蕉是不到那天不死心呀。

5

于是，就有了文章开头时的场景。

这次香蕉是真的和核桃一刀两断了。香蕉坚决的语气让核桃有些狼狈，核桃第二天致电给我，说，为什么香蕉这么决绝要分手，他不联系她真的是因为有事情啊。

我呵呵地笑了两声，说，你有事难道连发条短信告诉香蕉的时间都没有吗？你有事难道连打个电话的时间也没有？你有事你就可以把女朋友酿在一旁半个多月不联系？女朋友你追来了是要关心的，不是只是你没事的时候哄她开心，有事的时候就很长时间不联系她的。

核桃没说话，默默地挂了电话。

我把这件事告诉香蕉的时候，香蕉面无表情，说，我受够了，这次真的受够了。然后香蕉把手机拿给我看。

我一看，下巴都快惊得掉下来了。

里面全是之前香蕉给核桃的短信。晚安，要注意身体，要按时吃饭……香蕉在核桃没联系她的时候依然每天发短信关心核桃，可是核桃呢？

也许不能说得那么绝对，也许核桃不是不爱香蕉，只是他的方式和他忽冷忽热的态度让香蕉太没安全感吧。

6

其实，谁都接受不了核桃这种爱人。

开始一段感情后，我们就有责任去关心对方，因为两个人相爱才会开始一段感情。

其实我们需要的感情，也不是一定要每天腻腻歪歪地在一起，也不是一定要无时无刻地陪伴，只需要，能让我们知道你在哪里，在做什么事，给我们一个安心的短信或者电话就可以了。

忽冷忽热的态度只会让你的爱人没有安全感，只会让你的爱人心渐渐变冷，只会让你的爱人慢慢地离你越来越远。

所以，忽冷忽热的爱人不能要。

换位思考
是熬出美味爱情的秘方

1

我一直觉得，不仅在友情和亲情中换位思考很重要，在爱情中更是如此。换位思考更是熬出美味爱情的秘方。

我大学同学阿云是个很牛气的女孩子，为什么说她牛气呢，因为她嗓门儿大，跟别人讲话稍微一大声就像是在吵架，一有什么不合心意的，稍微一大嗓门我们就吓得噤声。

但是很幸运地，她有个很爱他的男朋友木哲。木哲是阿云的高中同学，坐在阿云的后桌，每次阿云欺负他，他不反驳，就坐在那里傻乎乎地笑，木哲笑起来特别可爱，看得嗓门粗的阿云直脸红心跳。

其实一个男孩对女孩的无理取闹毫不在意的时候，多半也是爱上了那个女孩了。

确实如此，木哲喜欢阿云。阿云，也是喜欢木哲的。

高考后，在一个月黑风高的夜晚，木哲约阿云出来吃夜宵，吃完夜宵，木哲就着黑暗的夜色亲了阿云一口。阿云一大耳光上去，把木哲给扇懵了，把木哲的眼镜弄坏了。

不过第二天，两人就在一起啦。

我们都特别羡慕阿云有个木哲这样的好男朋友，因为木哲脾气好，能忍耐阿云的坏脾气。每次吵就都以木哲的妥协收尾。

可是，就像一个气球，里面越来越多的气，最终也会爆炸的。

2

木哲和阿云吵了一次很严重的架。

原因是，阿云出去玩，玩过头了，忘记跟木哲讲一下。木哲打电话给阿云，阿云在 KTV 里没听到手机响，凌晨两点的时候，阿云才看到手机，里面却有木哲的 88 个未接来电。

阿云头脑猛然清醒，手机震动，木哲打来了第 89 个电话。

阿云接了，木哲说，阿云，你怎么了？你在哪里？

木哲特别焦急，阿云也有些过意不去，说，木哲……我在唱歌……对不起，忘记跟你说一下了。

木哲在电话那头沉默了很久，说，何云，你一句对不起就完了？

木哲每次叫阿云的全名都表示着，木哲是真生气了。

阿云脾气也上来了，说，那要我怎样啊！我都跟你说对不起了！

木哲说，你还有理了！你！

然后挂了电话。

阿云也把手机丢到了沙发的一角，我们连忙问怎么了。阿云气呼呼地说，他吼我！我要分手！

听到分手，我们都吓呆了。我连忙拉着阿云说，你呀，不要说气话。

阿云嗓门一下子大了起来，说，不是气话！

我把阿云拉出房间，给阿云倒了杯水，说，其实这个问题很简单。

阿云带着生气的表情看着我。我继续说，你就换个角度想一想，如果木哲出去玩到那么晚不跟你说，你打他电话不接，你会怎样？

阿云低下头不说话了。

其实事情真的很简单，只要阿云换位思考下，就会感受到木哲当时的担心和焦急，还有生气。

我拍拍阿云的肩膀，说，木哲脾气一直那么好，今天这样明显就是担心你过头了，你站在他的角度想想，换成是你，你会怎么想。阿云，木哲是个好男人，他能忍受你的一切坏脾气，你想想，如果你和木哲换个性格，你是要多谦让多爱他才会那么忍受他。阿云，你要学会换位思考。

3

换位思考是个很简单的事情，可是在最关键的时候，也总会被恋人们忽视。如果能多站在对方的角度考虑问题，那么，必然也会为爱情增添些色彩。

4

我的叔叔和婶婶是在双方家长的撮合下认识的。

婶婶娴静温婉，叔叔温和冷静。

这样的组合让他们在一开始互相并不了解对方的情况下，一起在婚姻围城里走过了将近 30 年了。

奶奶跟我说，你要做一个像你婶婶一样的人，然后找一个像你叔叔一样的爱人。

我问，为什么呢？

奶奶说，他们从来没吵过架呢。

我大惊，这简直太不可思议了。我不信，我去问婶婶是真的吗？婶婶点点头，笑着说，是的啊。

好像，在我的记忆里，叔叔婶婶真的没有吵过架。

我问婶婶，难道一起生活没有磕磕碰碰吗？这太不可能了。

婶婶说，总会有磕磕碰碰的。婶婶说起来刚结婚时的一件事。

当时他们刚新婚不久，叔叔就和婶婶说他想去外地工作，叔叔从小的愿望就是做一名工程师，可是他在家里有份自己不喜欢的工作，他想实现自己的愿望，他想去外面闯一闯。

婶婶听完就沉默没说话，这代表着她不同意，因为她觉得刚新婚不久为什么就要两地分居。而且现在叔叔的工作虽说叔叔不喜欢，但是收入很高啊，何苦要出去闯荡委屈自己？

过了一夜，婶婶对叔叔说，你去吧。叔叔惊讶地问，你怎么同意了。

婶婶帮叔叔收拾着行李，说，我想，如果是我，要是我从小就想做一名工程师，我想我的选择会跟你一样的。

5

婶婶说，这么多年不吵架的秘诀就是，有分歧时，多站在对方的角度考虑问题。

我想起我刚上大学那一年，婶婶的爸爸生病，需要很多的钱治病，婶婶说，想要卖掉和我叔叔结婚时买的房子为自己的父亲治病，一起和叔叔回公公家住。

爷爷奶奶特别反对，婶婶以为叔叔也会反对，没想到叔叔同意了，还劝说爷爷。

叔叔对爷爷说，如果您生病了，我也会卖房子砸锅卖铁治好您的病呀。

婶婶特别感动，叔叔安慰她说，卖了吧，如果我爸爸生病了，我肯定也会做出跟你一样的决定的，你不要有负担，没事，我陪你一起渡过难关。

<u>6</u>

百度百科给"换位思考"是这样定义的：

换位思考，是设身处地为他人着想，即想人所想，理解至上的一种处理人际关系的思考方式。人与人之间要互相理解、信任，并且要学会换位思考，这是人与人之间交往的基础：互相宽容、理解，多去站在别人的角度上思考。

它客观上要求我们将自己的内心世界，如情感体验、思维方式等与对方联系起来，站在对方的立场上体验和思考问题，从而与对方在情感上得到沟通，为增进理解奠定基础。它既是一种理解，也是一种情感。

所以，换位思考不仅在人际交往中扮演着不可忽视的角色，在感情生活里更是维持感情的秘诀。

如果你和爱人吵架了，事后请记得站在爱人的角度去考虑一下问题，也许就不会做出让你们都后悔的决定了。

当然，更好的是，在说出伤害爱人的话之前，就站在爱人的角度想想，你听到这些话的感受，也许，你就不会把这些话说出口，也就不会后悔你的言辞。

所以，请记住，换位思考是熬出美味爱情的秘方，也是拥有美满婚姻的秘诀。

两个人在一起，多加换位思考，才能拥有美好而相互体贴的感情。一对爱人和一份感情，就应该是相互体谅的。不要让自私吞噬了在一起的美好，感情本该无私且相互理解。

拒绝备胎，
渣男拜拜

1

　　对于备胎这个存在，我一直是拒绝的，也是同情与敬佩他们的。同情他们身为备胎久久等待扶正的遭遇，敬佩他们为爱甘愿备胎的勇气。可是，备胎不仅是一个不受欢迎的角色，也是个自带悲情色彩的角色。

　　也会有人问我，作为备胎，会有扶正的那一天吗？会有等到和爱的人在一起的那一天吗？

　　我的答案是，也许会有，但是你一旦是备胎，就算你爱的人跟你在一起了迟早他也会跟你拜拜，因为把你当作备胎的男人本身就是渣男，他如果爱你，是根本不会让你当备胎的。

2

　　首先，为什么你会成为一个备胎。

第一，你爱的男人不够爱你，他对你有感觉但是心里却有着更有感觉的那个人，可惜，那个人，不是你。他不讨厌你，甚至对你有点喜欢，但是那种喜欢不足以让他放弃那个他更喜欢的人。他觉得你还是可以的，他欣赏你，更看得出你对他有点意思，他舍不得放弃这份暧昧，也舍不得放弃怀里的人，然后你就成了他的备胎。

第二，你对你自己不够狠，舍不得放弃心中的期待，觉得不可能但同时又觉得也许是有可能的，你会麻痹自己说，也许等等就好了，也许等等他就会发现你比他的那个她更好，更适合他。这一切都是因为你对自己不够狠，你深知自己很悲哀，只是他的备胎，但是你舍不得放弃他，你的性格太过软弱，你以为你的执着会打动那个不爱你的人，于是，你就成了他的备胎。

第三，爱情在你心中的定义不够神圣。爱情本应该是神圣的，让你等待太久并没有多大希望的爱情一点都不神圣，甚至是有点神经质的。带着神经质的偏执和执着。爱情神圣如此，不让你失望难过，不让你自怨自艾，不让你期待成空。如果你甘愿备胎，在你心目中，这份感情已经不是神圣的了，你也忘却了爱情本身的意义，那就是，两个人名正言顺地在一起。

3

其次，我们该怎样对待备胎这个词。

当然是，拒绝备胎，渣男拜拜了。

好友小小是个典型的例子。小小刚认识峰哥时，并不知道峰哥已有女朋友，甚至觉得峰哥对自己也有意思。

他们是在年会上认识的，一家公司，不同的部门，两人一开始并不熟，因为年会坐在一起多说了几句小小才认识峰哥。峰哥年轻幽默，谈吐不凡，见识广阔，小小跟他很聊得来，年会结束时就交换了联系方式。

她与峰哥逐渐联系频繁起来，直到一次单独和峰哥吃饭被同事撞见，同事第二天满脸怪异地跟她说，峰哥是有女朋友的，虽然女朋友在国外。小小震惊，因为跟峰哥认识这么久，小小并没有听峰哥说起自己有女朋友。

小小这才反应过来，自己竟然成为峰哥的备胎。可是她真的对峰哥很欣赏，她思考了很久问了峰哥这件事，峰哥也坦然承认了，还对小小说，小小，我对你是有感觉的。

这句话让小小欣慰了几分，可是接下来的一句话，简直给了小小一个晴天霹雳。

峰哥说，我对你有感觉，但是，这跟我有没有女朋友没关系。

怎么可能没关系，你有女朋友，那我是什么？小小惊异地问。

峰哥并没有正面回答这个问题，就一直强调说，小小，我是喜欢你的，真的很喜欢你。

小小那晚喝醉了找到我，哭着说，我该怎么办怎么办。我看着喝醉的小小也一直念叨着峰哥的名字，我知道小小心里真的是很喜欢峰哥的，但是小小接受不了他有女朋友的事情，因为同事怪异的目光，小小更是心里很不舒服，明显地，同事们都觉得小小是第三者，这让小小很不舒服。但是峰哥说，小小我喜欢你。小小又不知道该怎么办了，毕竟面对一个自己有好感的男人，说出拒绝的话也有些难。这本身就是很矛盾的事情。

第二天一早，我对小小说，其实很简单，你只要问峰哥，要不要跟女朋友分手然后跟你在一起。既然他说喜欢你，那么他就应该这样，否则，那你算是什么呢？暧昧对象？备胎？还是什么都不是。

如果他真的喜欢你的话，他就可以和女朋友分手然后跟你在一起。这句话我没说出口，因为我已经看出来，小小对于峰哥只不过是女朋友不在国内的调剂品，一个备胎而已。但是我不能说出口，只有小小自己明白过来，她才能真正放弃。

4

小小果然没和峰哥在一起。因为在小小问出那个问题后，峰哥沉默，然后岔开了话题，还好小小的酒没白醉，小小狠下心说，如果你不分手，那么以后我们也别再联系了。

峰哥犹豫了很久，然后抱着小小不肯撒手，一直说不要，可是就是没说与女朋友分手和小小在一起。

小小争气，挣脱了那个让她眷恋的怀抱，果断离开，因为峰哥的犹豫已经让小小绝望了，小小知道，峰哥真的不够爱她。

小小再也没有见过峰哥，但是找我哭过很多次，哭着说，为什么，为什么她只是个备胎。

我无奈，也很庆幸，还好小小明智离开了他。其实，不为什么，不怪你，只怪他，太渣。

小小是在半年后收到峰哥的结婚请柬的，峰哥最终还是和回到国内的女朋友结了婚，同事们都等着看小小的笑话，可是小小让他们失望了，因为小小也找到了那个他。

她带着她的男朋友一起去的。小小的男朋友是亲戚介绍认识的，人踏实沉稳，话不多，没有峰哥的侃侃而谈，却很细心，看得出小小喜欢什么需要什么。正是他的细心让小小下定决心跟他在一起。

自正式认识后，他追了小小半年，小小接受他的时候对我说，我知道他爱我，虽然我爱他可能没有他爱我那么多，也许以后还会有我更喜欢的，但是为了他我愿意放弃以后的可能性，我感同身受，不能让他也做备胎，那样对他也是不公平的。我不能让他等太久。

被爱情伤过的人会明白，不能以同样一种方式伤害爱自己的人。

5

如果一个男人真的爱你，是舍不得让你遭受流言蜚语的攻击的，是舍不得让你受一点点委屈的，更是舍不得让你做备胎的。

如果遇到一个把你当作备胎的男人，请对自己狠一点，让自己下定决心离开他，不要拖泥带水，不要犹豫不决，否则就算最后走到了一起，也不是你想象中美好幸福的爱情的样子。

如果遇到一个把你当作备胎的男人，请勇敢地对他说：

拒绝备胎，渣男拜拜。

然后，真爱总会到来。

我们都已过了
耳听爱情的年纪

1

当收到越来越多红色炸弹的时候，我问刚结婚不久的闺蜜伊尔，爱情是什么？

伊尔笑笑，踏实，安全感。

我疑惑，只有这么简单？难道不是心动和激情吗？

伊尔看了看我，说，阿来啊，其实我们都已过了耳听爱情的年纪了。

伊尔和榆木认识时，恰好是在彼此最美好的年华，榆木是伊尔大学里长她一届的学长，年龄倒是和伊尔差不多。

伊尔给我打电话时，说，阿来，我有男朋友啦。

我说，哟呵，哪位大公子能入得了伊尔小姐的眼。

伊尔咯咯笑，说，下次请你吃饭时你就知道了。

见到榆木时，榆木其人，有着男生最合适的身高，1.85 米的个子，让 1.7 米的伊尔跟他站在一起绝对的般配。

伊尔是我们高中出了名的才女，写得一手好文章，最重要的还有那笑起来能迷死一堆男生的梨窝。

榆木仪表堂堂，谈吐风趣，除了言语间有着眼高于他人的骄傲。

原本话多的伊尔在榆木面前小鸟依人，光含着笑坐在那里，就已经把我酸到不行。

我私下里悄悄问伊尔，怎么认识的。

伊尔脸红，说，一起去爬山时认识的。

我了然，伊尔是个很喜欢爬山的姑娘，除了爬山，她像是对生活有无止境的热情，喜欢蹦极，喜欢跆拳道，喜欢野营，喜欢旅游。

我想，为什么伊尔能写出那么好的文章，就是因为，她的文章里总是有我们不曾看到的风采和精致，透露着自由的朝气。

伊尔和我见面的次数渐渐少了，榆木是个跟她有同样爱好的人，伊尔说，阿来，我们要去澳门玩蹦极了。伊尔说，阿来，这周末我们要去周庄写生。伊尔说，阿来，我们寒假要去哈尔滨滑雪。

2

我是在一个傍晚见到了很久未见的伊尔，此时的我正站在窗口欣赏着美丽的晚霞，伊尔来了。

满身风雪的味道，伊尔和榆木从哈尔滨回来了。

伊尔眉眼间的疲惫有些不一般，我说，怎么了，伊尔。

伊尔摇摇头，说，让我先休息会。

等到伊尔休息完跟我说的时候，我才知道榆木还在哈尔滨，我也才知道榆木为了哈尔滨街头一个卖唱的姑娘跟伊尔吵架了。

荒谬。

听了我的怒言，伊尔却笑了，说，其实也没什么好奇怪的，我跟他，他随性，我随意，彼此才吸引，只不过他留恋途中的风景，我在意旅行的过程。

我沉默。

伊尔说，我曾和他一起相拥从澳门塔往下跳，那一刻，我觉得浪漫极了，跳下来时，我的眼里只有他，他的眼里只有我，我们彼此心动，享受着蹦极带来的心跳和激情，这大概是我跟他最美好的回忆吧。

伊尔说，你看，就像这美艳的晚霞，总会被夜色吞没。

我本以为此段恋情会到此为止，可是一周后，伊尔兴奋地告诉我，她和榆木复合了。

我大惊，问原因。

伊尔说，榆木邀请她一起去西藏。

我知道，西藏一直是伊尔的梦想。

于是，伊尔又和榆木一起踏上了去西藏的旅程。

3

伊尔回来已经是开学前一天了，她背着厚重的行李来我家时，我正在电话里和父母亲聊天。

伊尔依旧是那个姿势，躺在我家的沙发上，说，阿来，榆木留在那里了。

好吧，这次榆木没有为了另外一个女孩跟伊尔吵架，而是被西藏吸引，打算在西藏常住，那时的榆木已经大三，剩下一年就可以完成学业了，可是，榆木没有从西藏回来。

伊尔说，我不能陪他在那里，我必须完成学业，阿来，我虽爱好四处游历，却依旧惦记父母，不想让他们失望。

我点头，说，伊尔，你的选择是正确的。

一个月后，五一长假，伊尔在火车上给我打电话，哭着打的，说，阿来，我要去找他，我想他。

这段无疾而终的爱情终于在伊尔的奋不顾身和榆木的尘埃落定中结束了。伊尔满心欢喜找到了榆木，榆木却在短短的一个月后已经和一个能歌善舞、笑起来如铜铃般的藏族女孩结了婚。

伊尔孑然一身，带着痛苦和失望回来了。

伊尔开始一个人旅行，开始一个人冒险，每次我说，我陪你吧，伊尔总是拒绝，说，我享受一个人的感觉。

4

伊尔结婚那一天，我是伴娘，我看着那个小心握着伊尔的手，不断对伊尔嘘寒问暖的男人。

我问伊尔什么是爱情的那晚，我也问了伊尔为什么准备和他走入她一直不相信的婚姻围城。

伊尔说，除了是他，还能是谁呢，还能有谁能有这么久的毅力说要追到我，还能有谁在下雪天发短信告诉我不要出门，还能有谁在我生病时跑了几条街给我买清淡的白米粥，还能有谁从来不敢蹦极却为了跟我在一起愿意跳下去。跟他在一起，我觉得踏实。

他是伊尔的追求者，我也认识，是我们的高中同学，给伊尔写了好多封情书，还和伊尔报了同一所学校。其貌不扬，但就是对伊尔好，坚持不懈地好。

正如莫艳琳的那首歌《别了，耳听爱情的年纪》里唱的那样：

我们都已过了耳听爱情的年纪／已经没有了奋不顾身的勇气／当曾经相信的约定变得下落不明／原来爱情并没有想象中动听／有些感情不是认真／就能有回应……

从为爱情奋不顾身，到为婚姻甘愿入围城。

爱情只是个过程，不管过程里你经历过多少激情和心动，都会在踏实和安稳中尘埃落定。我们早已过了耳听爱情的年纪，爱情，是需要放在手心里呵护的，而不是自己内心想想，也不简简单单就是一份心动。也许，勇气一开始是爱情的代名词，但是，除了勇气，需要的更多的是一颗心的安定和归宿。

爱情只是个过程，它会让你成长很多，会让你记得最初那份情感的冲动和真实，但是最后却不得不归于平凡。不是每份轰轰烈烈的爱情都有圆满的结果，也不是每份被给予了全部勇气的爱情都会修成正果。其实，婚姻的本质就是甘于平凡与平淡，却又不失温暖。

正因为
没有男朋友

1

跟很久未见的大学同学见面，第一句话就是，怎样，感情生活怎样？

我总会吐吐舌头说，不怎样啊，单身，过着自己喜欢的日子。

同学疑惑地问，没有男朋友你不会觉得孤独吗？好像很多人都觉得，一个人单身一定是会过着孤独的日子，可是我并不这么觉得啊。我反而觉得没有男朋友，我会过得更轻松自在。

我笑，怎么会，正因为我没有男朋友，我才过着现在舒适惬意的生活。

正因为没有男朋友。

我不用每个节日都担心要给他买什么礼物，我不用担心他喜欢不喜欢我精心准备的礼物，不用猜疑为什么过节他不送我礼物。

我不用为了他没有立即回我短信而困扰现在的他在干吗，现在的他是不是跟其他女人在一起。我可以安心做自己的工作，不用整天捧着手机根据他 QQ 的状态判定他在哪里做什么事，不用纠结他发的短信中的言辞是冷漠还是热情，冷漠的话我会伤心，热情的话我会高兴，我不会根据他的喜怒哀乐决定我的喜怒哀乐，这多不好啊，那样的我该有多累，那样的感情该有多么不开心。

我不用担心他的父母合不合喜欢我，如果不喜欢我，我要做些什么哄哄他的父母开心，而忽略了我的父母多么宝贝我这个女儿，多害怕有一天我会嫁做人妇。我会有更多的时间陪伴在父母身边，跟他们讲讲心里话，在他们身边做乖巧的女儿，跟他们任性地撒娇，家人才是我生活中最关键的部分，能陪伴的时候一定要多陪在他们身边。

2

正因为没有男朋友。

我可以任意地跟朋友约出去玩，可以去吃饭，可以参加闺蜜聚会。不用担心回去晚了男朋友会啰唆，不用担心跟朋友约好因为男朋友要我陪着，而临时推掉和朋友的约会。

我可以跟闺蜜一起去一直想去的地方旅行，不用去想如果跟男朋友一起去的话，会不会不方便，会不会遭到双方家长的反对，会不会没有一起空闲的时间。

我可以追我喜欢的明星，很光明正大地看帅哥，不用担心男朋友会吃醋。

我可以选择自己喜欢的工作，在喜欢的城市，不用担心和男朋友不在一个城市以后要怎么办，不用担心我不在他身边，他在那个城市会不会喜欢上别人，不用担心异地恋会不会没有美好的结果。

我可以在空闲时间学瑜伽，学钢琴，学烹饪，学很多东西，提升自己的气质和修养，不用为了要花很多时间陪男朋友，而忽视变成更好的自己。我不用天天跟男朋友黏在一起，失去自己的生活空间。

3

正因为没有男朋友。

我不用担心跟男朋友吵架后，谁先说对不起，纠结着他怎么还不来找我，是不是不爱我这样的问题上。没有那些爱不爱的困惑和选择题，我可以活得很自在。

我不用担心跟男朋友约会时要穿什么衣服才好看，不用担心吃饭时要顾及自己的形象。我可以穿自己喜欢的衣服，做自己最真实的样子，自己大口大口地吃着自己喜欢的菜。

我不用去想男朋友手机里为什么会有陌生女性的短信，不用去想男朋友有没有忘记前女友，不用有那些莫须有、自己也控制不住的小心思。

我不用担心为什么和男朋友谈了这么久的恋爱，男朋友也没有跟我结婚的打算。

我不用担心为什么男朋友总对我忽冷忽热，我是不是哪里做得不好，然后我开始反思自己，变得不自信，变得神经质。

4

正因为没有男朋友。

我单身，我潇洒。

其实，真的，有个男朋友之后，烦恼的事情会变多，心思会变多，我会控制不住嫉妒在我心里滋长，控制不住猜疑在我心里生根发芽，控制不住我那可怕的控制欲和无止境的小脾气。

遇到不好的爱人，我会伤心，我会难过，我会经历恋爱的痛苦和无奈，我会经历失恋后的悲痛欲绝和难舍难分。

遇到不好的爱人，我会寂寞，我会孤独，我会经历被冷落的伤痛和心碎，我会经历心碎后再拼起来的艰难。

遇到不好的爱人，我的父母会反对，而我会坚持己见，让父母操碎了心，生怕我跟他在一起会过得不好。

正因为没有男朋友我享受单身的日子，享受一个人的空间，享受着自由，享受着真实的自己。

我会做自己喜欢的事情，做自己想做的事情。

5

所以，没有男朋友没有那么可怕，相反，我们还可以有着舒适惬意的生活。

我们会变得更加自信，会变得更加美好，会变得更加开朗活泼。正因为没有男朋友，我们才可以跟闺蜜同游，可以有更多的时间陪伴父母。

等待真爱的过程本来就是漫长的，我们在这个过程里会慢慢地变得平和。又不是不会有男朋友，只是时间长短的问题。

所以，当别人问我们，为什么你还没有男朋友的时候，我们都可以自信地说：

正是因为没有男朋友，我才是我自己。

做一个
心有野子的姑娘

怎么大风越狠 / 我心越荡 / 幻如一丝尘土 / 随风自由地在狂舞

我要握紧手中坚定 / 却又飘散的勇气 / 我会变成巨人 / 踏着力气 / 踩着梦

怎么大风越狠 / 我心越荡 / 又如一丝消沙 / 随风轻飘地在狂舞

我要深埋心头上秉持 / 却又重小的勇气 / 一直往大风吹的方向走过去

吹啊吹啊 / 我的骄傲放纵 / 吹啊吹 / 不毁我纯净花园

任风吹 / 任它乱 / 毁不灭是我 / 尽头的展望

吹啊吹啊 / 我赤脚不害怕

吹啊吹啊 / 无所谓 / 扰乱我 / 你看我在勇敢地微笑 / 你看我在勇敢地去挥手啊……

——苏运莹《野子》

第一次听苏运莹这首歌的时候就被震撼到了。

苏运莹创作这首歌的时候在北京上学,有天早上风刮得很大,她就站在窗边看着风景，看着大风刮着树叶。突然想到为什么风可以刮掉树叶，却刮不断树干呢，想了很久很久，大概是因为树根扎得很深吧。然后她就觉得只要够坚定，再大的逆境都不算什么，于是创作了这首《野子》。

之前听过这首歌，却一直没见过苏运莹，第一次见苏运莹的时候，是在《我是歌手》，她作为踢馆歌手来参赛，她长得并不是很出挑，不是漂亮的那种，可是浑身上下就是那种古灵精怪，笑起来仿佛什么困难都击不倒她，当制作人问她，如果踢馆失败怎么办，她扬起乐观无比，尤其灿烂的笑容说，失败就失败啊，有这次经历就够了。

真是难得，这样一个活泼开朗，浑身上下充满特殊气息的女孩子，让我觉得，她真的很特别。我想，做女孩子当如她，心有野子，不畏逆境。

遇到逆境不要轻言放弃，只要够坚定。

人生难免会有不如意的地方，每个人都有逆境的时候。有的女孩子会说，我要那么坚强干什么，现在我有父母，以后我有老公，他们会保护好我。她们会觉得，总有人会给她们撑起保护伞，她们不必太担心其他的事情，因为会有人帮她们解决。

一般说这样的话的女孩子一定是被父母从小呵护长大，没吃过什么苦的。可是，姑娘，你的父母总会离开你，如果你会遇到一个向父母一样呵护你的男人，那么你是幸运的，但是如果你没有遇到呢？那个时候的你，孤立无援，还要自己再慢慢学会如何变得坚强独立，那必定是一个难熬而漫长的过程。而且，不是每个人第一个遇到的爱人就是真爱，我们总会经历过几次伤才会遇到那个真正呵护自己的人，能够携手共度一辈子的人。

说到底，每个人最靠得住的当然是自己了。遇到逆境，不要第一反应就是求助于别人，你该静静地想一想，我能不能自己解决这个问题。逆境的时候，每个人都会绝望过，都会无助过，关键是你能不能不要退缩，勇敢地向前走，如果你退缩了，那么你永远不会看到新的风景，但是，只要你够坚定，你一定会渡过逆境，看到另一片晴空。

就像上文说的那样，苏运莹写这首歌的时候，突然想到为什么风可以刮掉树叶，却刮不断树干呢，想了很久很久，大概是因为树根扎得很深吧。

只要你扎得够深，站得够坚定，大风刮走的是你的懦弱害怕，而刮不走你坚定的内心，你也终将成为坚强的女子，一直往大风的方向走过去。

心有纯净做事有原则，只要够坚持。

每个女孩子心中都应该有一片纯净花园，这个地方有着自己的原则和女孩子该有的矜持和骄傲。

不要被一些人的看法所左右，然后忽略了你本身；不要被世俗的黑暗面所影响，你本该善良；不要总被一些事情影响自己的立场，因为，每个人都应该活得个性而漂亮。

心中守住一片净土，谁也走不进，谁也影响不了，这是本事。

坚持自己的原则，有自己做事的风格，将本性美好的一面铭刻，这才是一个女孩子最大的美丽，独立而不自主，帅气而不矫揉造作。

我认识的莴苣小姐在一家外企工作，这家公司等级制度森严，工作氛围也是紧张的，同事之间竞争很激烈。以前，莴苣小姐对我抱怨说，为什么每个人都必须钩心斗角，暗算别人，我最讨厌这样子了。

可是，时间久了，莴苣小姐发现如果她不那样做，自己根本无出头之日，所以她渐渐地变得疑神疑鬼，看谁都是一副不信任的眼光，在公司里，她也学会了怎么去钩心斗角。

她约我喝咖啡的时候，疲惫地说，为什么我会变成自己讨厌的样子。

我说，最大的原因在你自己。只要够坚持，你永远是你自己，你不会变。

莴苣小姐后来辞去了那份工作，选择了薪资不如原来单位高的一家普普通通的外贸公司，同事间相处愉快，偶尔还相约聚餐，谁做得多谁就有机会升职，她说，终于找回了自己。

我想，只要你够坚持，做事情有自己的立场和原则，再大的风也吹不毁你心中的纯净花园。

秉持重小的勇气心怀梦想，只要够坚决。

勇气就是"重小"，它有着不可承受之重，但其实说到底也很小。可能是你勇敢地向前迈出那一步，可能是你纠结许久终于鼓足勇气说出来的一句话，也可能是你一直害怕，不敢去做但是狠下心终于做的一件事。

秉持着重小的勇气，你身上散发出来的气场和光彩必定与众不同。心怀梦想，你要学会变成自己的巨人，主宰自己的人生，你一定会收获更多成功的感动。

勇敢地去做很多事情，勇敢地去爱自己所爱之人，勇敢地去追求自己的梦，勇敢地去尝试未知的精彩，勇敢地去面对一个人独自在外的辛苦，勇敢地去面对每一次失败后的苦楚，勇敢地去面对追梦路上一定会有的困难。

很多读者跟我说过，一个人在外工作，离开父母，离开家人，很孤独很辛苦，经常觉得无助而失落。其实我也一样。你要记住，你受的苦，总要一天会照亮你前行的路，只要勇敢地走下去。没有哪一个人是一帆风顺的，也没有人生来幸运。你以为别人是幸运，其实他们却是付出艰辛努力得来的。

只要你够坚决，总有一天，你会变得够强大，是那种内心的强大。

不管怎样，心中要有希望，风再大，吹不散的是尽头的展望。

所以，要做一个心有野子的姑娘，遇到逆境不言放弃，心中自有纯净花园，秉持着重小的勇气，你也一定和她一样，是个特别的姑娘，是个不一般的姑娘，也一定是个散发出不一样光彩的姑娘。

辑 5

做一个不要太体谅的姑娘

你关心他，但是也要有自己的个性和脾气；你体谅他，但是也要有自己的锋芒和限度。

yuan ni dui

zhe ge shi jie

shen qing

ru chu

bu bei gu fu

不要跟那个
一直需要你鼓励的人在一起

1

苏眉结婚的时候，我应邀去参加婚礼，很意外地见到了很久没见的陆路。陆路尴尬地跟我打招呼，我回了一个很淡的笑容，因为我确实没想到会在苏眉的婚礼上见到他。

突然就记起来，苏眉刚和陆路分手那段难熬的时光，我问苏眉，是什么原因让你下决定和陆路分开了。

苏眉特别惨淡地笑了笑，说，一直需要我鼓励的爱人，不要也罢。

陆路和苏眉是在大三确定恋爱关系的，两个人是在大二的一场老乡会上认识的，后来逐渐熟悉，相知相爱，在一年后终于牵起了彼此的手。

我曾经问过苏眉，苏眉，你喜欢陆路哪里呢？

苏眉弯着眉眼，用特别温柔的语气说，不知道，就觉得哪里都喜欢，而且他对我很好啊。

我打心眼里觉得陆路配不上苏眉，苏眉是个很好的姑娘，不是很好看，但是那种第一眼就会让人觉得很舒服，第一眼就会让人莫名地亲近的人，而且性格和脾气都一级棒，学习很好但是不傲气，脸上总是挂着温暖的笑容，很积极很正能量，在她身上你总能觉得很有活力，总之，在我认识的姑娘中，苏眉真的是最美好的姑娘。

而陆路，我见过他一次，虽然接触不深，但下意识总觉得陆路配不上苏眉这样好的女孩子。我跟苏眉表达我的想法的时候，苏眉还批评我，说，阿来，你怎么能这样说呢，我没有觉得陆路配不上我，我觉得他很好啊，真的。

我也劝自己，是啊，苏眉既然觉得好，那陆路肯定有他的好。

一开始一段时间，苏眉确实很幸福，每次从外面约会回来，都会跟我们说陆路怎么怎么对她好，我也是真心为苏眉感到高兴，毕竟能够遇到一个对自己好，家又在一个地方的爱人不容易。

2

陆路考研失败了，苏眉皱着眉头跟我说的时候，我心里咯噔一下，问，陆路没事吧？因为苏眉昨晚回来得很晚，因为太晚了我不方便问什么事，但是也知道肯定有什么事发生了。

苏眉的脸色很不好，摇摇头，说，不太好，陆路很难过，昨晚我陪着他喝了很多酒，也劝了他很多，但是他依然心情不怎么好，我也不知道该怎么办了。

苏眉继续说了很多，我也知道了陆路家里的一些情况，陆路的家人对陆路的期望很高，一直希望陆路能考上研究生，陆路自己也一样，对自己的期望很高，自尊心也很强，无法接受自己这一次的失败。

我问苏眉，你再好好劝劝陆路，没事的，找到工作后考在职研究生也可以呀。

苏眉点点头，眉眼里满是疲惫。

往后的几天，苏眉都回来得很晚。每次我都小声地询问苏眉怎么样了，苏眉都叹口气。

原来陆路的心情一直都不大好，这几天一直情绪低落，苏眉很是担心，只能一直陪着，苏眉说了很多话，什么没关系的，还有机会；什么我会一直陪着你的，别担心。真的是说了很多很多的好话，可是好像并不奏效。

我担心地问，苏眉，那你明天的面试怎么办？

苏眉摇摇头，说，不去了。

我讶异至极，因为明天面试的是苏眉很喜欢的一家公司，而且苏眉好不容易进了复试，竟然现在轻飘飘地说出：不去了。

我问为什么？

苏眉说，明天陆路要去一个公司面试，他最近状态不好，也跟我说要我陪着他，我现在走不开。

我极力想劝阻苏眉不要放弃这么好的机会，苏眉却不为所动，我也只能替她惋惜。

3

临近毕业，大家都比较繁忙，事情比较多，我也因为找工作和忙于老家的公务员考试很久没有见到苏眉。

毕业论文答辩那一天，我见到了苏眉，让我倍感惊讶的是，苏眉和陆路在一起，但是脸上都不太高兴，脸色也都不是很好。

等陆路走了，我才拉着苏眉问她最近怎样了。

苏眉无奈地笑，说，很不好，然后细细跟我讲了很多，我也没想到短短两个月竟然发生了那么多的事情。

那天苏眉放弃面试机会陪陆路去面试那家公司，在最终面试的时候陆路被刷掉了，陆路在考研失败后二次失利，心情简直糟透了，对自己也特别失望，甚至都对苏眉说，怎么办，苏眉，我一事无成。

苏眉每天想办法哄陆路开心，也跟陆路说了很多很多安慰的话，苏眉说：

陆路，一次两次的失败并不能代表什么，你可以难过一段时间，但是不能停滞不前，你也不是一事无成啊，只是缺少一个机会，你这么优秀，当然更要相信自己了。再说，还有我陪在你的身边，我会陪在你身边一直鼓励你的。

苏眉类似的话说了很多很多，说得我都动容了，我问，苏眉，那你今天怎么和陆路好像有些不愉快呢？

苏眉叹了口气，说，陆路一大早给我打电话，又说什么自己觉得自己的未来很迷茫，不知道该怎么办，语气里满满的负能量，我就有些反感，因为这些天我跟他说的鼓励的话简直太多了，我就随便敷衍了几句，然后他就有些不高兴，说我态度不好，阿来，怎么办，我突然一下子觉得好累。

我不知道该怎么安慰苏眉，我看着苏眉委屈得已经红了的眼眶，突然觉得苏眉的身上少了好些东西，以前她的身上总是充满着活力，脸上也总挂着笑容，可是现在，苏眉的脸上除了无奈就是无奈，满脸的疲惫和无措。

4

毕业之后，也偶尔听说苏眉和陆路的消息，断断续续地，也不太清楚到底是个什么情况。在我忙于新工作入职的一个夜晚，接到了苏眉的电话。

苏眉的语气特别低落，说，阿来，我和陆路分手了。

我安慰苏眉，没关系，你慢慢说，情绪缓和一点，别着急，没事的。

苏眉说，阿来，你知道吗？我实在受不了了。陆路毕业后坚持回老家，我说好，我也跟他一起回了老家，他说他要创业，可是创业又不是他说的那么简单，因为要准备很多东西，他每天忙来忙去觉得很烦，会经常跟我说，他对以后的日子很没信心不知道该怎么样，我一开始会安慰他说慢慢来别着急，可是说得多了，我真的很厌烦，我觉得一直鼓励他我很累，我面试不成功的时候，也需要他鼓励的时候，他也没有很正能量的话跟我说，依旧在说自己怎么怎么不开心，让我觉得心累。我真的是受不了了，而且，跟他说分手的时候，他竟然说，我嫌弃他，嫌弃他一直是个失败者才分手。阿来，你觉得我是这样子的人吗？

我说，怎么会，我不觉得。

苏眉说，我从来没这样想过，我想要变成以前那个阳光乐观的我，我发现跟他在一起后，我变得越来越疲惫了，这不是我想要的爱情，我不是嫌弃他是个失败者，而是反感他不能用平常心态面对自己的失败，一遍遍怀疑自己，总希望从别人口中得到肯定，这样，太累了。

我懂，是的，这样太累了，没人喜欢一个成天充满负能量的爱人，也没人会喜欢一个成天唉声叹气的爱人，我们需要的，是一个相互激励，都乐观的爱人，能相互扶持，能相互了解，能相互给予正能量。

5

苏眉和陆路分开以后，重新整理心情，去了一直没去的云南大理旅游，回来后回到了念大学的城市，然后报了一个雅思班，重新申请了原本因为陆路错过的那家很心仪的公司，过五关斩六将，拿到了 offer。

也是在新公司上班的第一天，认识了现在的老公。你们以为肯定是公司的经理或者主管，其实不然，也是跟苏眉同一批入职的新人。

那个男孩子其貌不扬，但是苏眉给我看照片时我就觉得踏实稳重，苏眉跟我说，其实他家境不太好，但是他特别温暖，我第一次面试以为自己肯定不过的时候，失落地在门口遇到他，他笑着对我说，没关系，一定要相信自己哦。我也不知道为什么，那一刻，看着他的笑容会觉得特别的安心。

后来，我们一起拿到了 offer，入职的第一天，我们在电梯上碰到，他一点也不意外地看着我，对我说，美好的一天，加油哦，我那一整天心情都很好。我们在一起后，他第一次策划没做好我们一起去大吃了顿，我说，这是一次考验，你要证明你自己可以的，饭后，他抱了我一下，说，苏眉，我会的！谢谢你。那一刻，我很满足，也相信他一定会做到，果然，他也没有辜负我的期望。

我静静地听着，感受到了苏眉的幸福。

<u>6</u>

幸福很简单，无非就是，我需要的时候你在，而你失落的时候我在，彼此相偎，互相鼓励，感受来自对方的温度。

不要和那个一直需要鼓励的人在一起，因为，别让他的负能量毁了你。

彩礼不重要，
重要的是心意

1

初中同学小蓝致电给我，第一句话就是，阿来，我快疯了，我感觉自己的婚都快结不成了。

我大惊，这到底是怎么回事，因为小蓝一个月前就给我发过电子请柬告诉我她即将结婚了，婚期已定，我算了算，应该就剩下半个月了吧，怎么到现在却说婚结不成了。

我一边惊讶，一边细细地询问原因。

小蓝在电话那头无奈地说，阿来，你觉得结婚男方给女方多少彩礼算是合适呢？

我并没有正面回答这个问题，因为好像各个地方各个家庭对待彩礼的看法都挺不一样的，我说，怎么，你们因为彩礼多少的事闹了矛盾？

小蓝叹了口气，说，是啊。我爸妈觉得他们家给的彩礼太少了，我爸妈特要面子你知道的，所以吧，他们就想说，彩礼多给一些，然后这彩礼我爸妈也不会动，婚后一样存进我和他的户头里，我爸妈就是想把我嫁得风风光光些，别人问起来彩礼多少，说出来也说明他们家比较看重我，你懂这个意思吗？而且我父母加的不算多，就加了个零头，数字听上去比较好听，想凑个好彩头，这样说出去也好听点。可是……唉……

我了然，其实父母的心思我能体谅，我安慰小蓝说，你好好跟父母商量下，也让他跟他的父母好好协调下，这都快结婚了，别因为彩礼的事情丢了更大的面子。

小蓝哭着说好。

后来，却还是传来了不好的消息。听说，小蓝的婚礼取消了。听说，双方家长各不相让，最后甚至闹得不可开交。

听说，小蓝的父母说男方家没诚意，男方的父母说小蓝家卖女儿。

本来是一场好好的婚事，幸福的结合却因为彩礼的事情最后不得不取消，还听说，小蓝和未婚夫都承受不了双方家长的压力分手了，一对有情人因为彩礼的问题不得不分开，恐怕类似的事情现实生活中也有很多。

我和其他同学们谈起这件事的时候都唏嘘不已，也就彩礼这个话题说了各自的看法。

2

A说，小蓝的父母并没有错啊，在父母那一辈里好像彩礼这个东西看得都比较重的，彩礼是一个很重要的形式，在父母眼里，彩礼的多少和隆不隆重成正比的。

B说，彩礼多少侧面还是反映出男方对女方的心意的，我想如果男方家很困难，女方家也不会强求，但是男方家明明有条件，却因为女方提出的彩礼高出期望的一点点就不让步，太可笑了。

C带着笑容，毫不犹豫地说，彩礼不重要，重要的是心意啊。

我们都看着她，突然记起来C也有个固定的男朋友准备结婚了。有个同学小心翼翼地问，听说你也快结婚了，你家和男方家商量好给多少彩礼了吗？

C喝了一口咖啡，说了一个数字，我们都很惊讶，B说你们家不觉得少吗？C摇了摇头，继续说。

我们两家父母见面的时候，男方家主动提起来要给彩礼，其实你们也知道的，我未婚夫家境不算太好，他们说出那个数字的时候我爸妈都惊呆了，因为那个数字真的对他们家来说已经很不容易了，我爸妈后来回家就跟我说，孩子，彩礼就别问他们家要了，看得出来，他们家对你是上心的，这样我们也放心了，他们能给你一场幸福的婚礼，能给你一个幸福的家比什么都重要。心意已到，也就没关系了。不过孩子，你会觉得委屈吗？我们就是怕你自己觉得委屈，又不敢说出来，你不开心的话告诉我们，爸爸妈妈会好好再商量的。

C听了特别感动，连忙摇摇头，跟父母表达自己的想法，说，其实自己也有这个意思，彩礼不彩礼不重要，因为当时她和未婚夫私下里谈起彩礼这件事的时候，C说彩礼不用给太多意思下就行，可是未婚夫却坚定地说，不行，我娶你怎么可以意思一下，这可是大事情，你父母嫁女儿已经很难过了，不能让他们再受委屈。

C当时很感动，现在把这番话说给自己的爸妈听，爸妈也很震撼，当即就给未婚夫家里打电话说明了意思，谁知男方家死活不肯，觉得养大一个女儿不容易，怎么能这么随便。

拗不过男方的父母，C的父母就说，那就给少一点意思一下，多了我们不会收的。

于是就这么定下来了，这场婚事在双方家人的祝福下如期举行。

C说，其实真的是这样，彩礼根本不重要，重要的是心意，彩礼就是体现了一个心意，如果男方的父母真的在乎你，真的体谅做父母的苦心，不会因为纠结那一点点的差别而计较彩礼到底给多少的。而现在其实父母都挺明事理的，好好说都可以沟通，她实在不理解为什么小蓝会变成这样。

我们都沉默不语，是啊，好好沟通能解决的事情为什么到现在却变成这样。

其实双方各退一步，也就好了，彩礼多少真的不那么重要。

3

彩礼不重要，重要的是心意，更重要的是过好婚后的小日子。

两个人结婚，不只是两个人的事情，是两个家庭的事情。因为彩礼的分歧影响了本来一桩美好的婚姻，这实在是太可惜了，说出去难道不会有些可笑吗？

　　这让我想起，有个姑娘曾经在后台给我留言，说，阿来，我快结婚了，可是我自己说不要男方家的彩礼，我朋友说我傻，我是不是真的傻？

　　我问，姑娘，那你为什么不要他们家的彩礼呢？

　　那个姑娘跟我说，我跟他都刚毕业，其实两个人都没赚很多钱，他家情况并没有很好，我觉得彩礼没那么重要，我们商量着拿彩礼钱付了房子的首付，然后两个人一起还，他的父母我见过，身体都不大好，所以我才这样想的。

　　我问，那姑娘，男方父母对你好吗？

　　那个姑娘说，很好很好，阿来，你知道吗？他的父母自己平时都舍不得吃好的，但是我一到他家他爸爸去菜市场买了好多菜，还有他的妈妈一个劲地给我夹菜，还问我冷不冷，我真的被感动到了，我想，嫁到他们家我会很幸福的。所以，我觉得彩礼不那么重要。

　　我说，你可以把你的想法以及你的感受告诉你的父母，我想，他们会体谅你的。

　　隔了好几天，姑娘又给我留言说，她的父母很赞同她的做法，说，彩礼根本不重要，重要的是他们家要对我好，只要我好，其他的我的父母真的不是很在意。

我真心为这个姑娘感到高兴,这个姑娘善良懂事,一定会有很美满幸福的婚姻。

4

现在,彩礼被赋予了太多的物质含义,甚至成为沉重的负担,失去了本意。

其实,彩礼没那么重要,重要的是心意而已。愿每个姑娘嫁给的是幸福,而不是厚重的彩礼。

什么样的感情
才能结婚

1

    其实我一直在思考，一段感情究竟到了什么地步就可以结婚？所谓的水到渠成也总得有个过程，包括从恋爱到结婚的心境过程等等，那到底什么样的感情可以结婚，感情到了什么程度才能走上婚姻的殿堂，你一句"我愿意"，他一句"我愿意"，简简单单6个字其实便是承诺了一生。

    刚实习不久的时候，我们经理给我安排的教我工作的师傅Joanna是个表面看上去特别娴静的软妹子，一开始不熟的时候说话也是温声细语，特别温柔可爱，我是打从内心里就喜欢上了这个姑娘，很直爽，很真诚。

    熟悉了以后，才知道她比我大两岁，而且已经结婚两年了。看着她特别骄傲地给我看手上的戒指，一脸幸福地说，看来还是我长得嫩，你竟然都看不出来我结婚啦，哈哈哈哈……

    说实话，我一开始真没想到她已经结婚啦，不过后来想想，也是，这么温柔可爱的姑娘怎么可能没人爱。

于是，我问 Joanna，你觉得一段感情到了什么样子才能结婚？

Joanna 思索了不多久说，这个嘛，我也说不清，但是我只知道如果我老公生重病了或者是老了不能走了，我愿意一辈子照顾他，所以，我当然要跟他结婚啦。

只简简单单一句话，从她嘴里说出来，我却感受到了无比的坚定和幸福，我想，她的老公真的是很爱她吧，要不然她一定不会说出这样的话。

Joanna 还说，其实结婚没有你们想象的那么复杂，其实我跟老公在一起谈恋爱并没有多久，但是他对我是真的好，虽然我们也有小吵小闹，但是这也是我们感情的催化剂，他对我好，好到将来他不管变成什么样子，丑了老了走不动了，有什么病了，我愿意放下一切去照顾他，陪在他身边，在我意识到这样的想法已经在我脑里根深蒂固的时候，我心底就有个声音告诉我，我该结婚啦，然后，他正好也在那个时候跟我求婚，你看，就是这么简单。

我点点头，内心震动，确实如此。结婚誓词里不也有这么一句话：

……无论健康或疾病，你是否都愿意照顾他（她），陪伴他（她）。

当一段感情到了这样的地步，还有什么理由不结婚呢？

2

热播韩剧《太阳的后裔》，一直感动我，给我留下深刻印象的并不是姜暮烟和柳时镇的爱情，而是尹明珠和徐大荣的感情故事。

姜暮烟在感情徘徊期，自己也不确定要不要跟一个随时会消失的特种兵男人在一起的时候，问了尹明珠：中尉，你不介意男朋友的工作吗？不怕他受伤和消失吗？

而尹明珠的回答是这样的：

"比起这个人的工作，我更害怕和他分离，现在和他在同一片天空下，我什么也不怕，简单地说，就是目无一切。"

尹明珠脸上的无畏和坚持让我动容，她知道自己的父亲反对自己和徐大荣在一起，但是不管徐大荣派兵到哪里，她都追随去，因为她觉得，只要能在他身边，无论发生什么，她都无所畏惧，只要有他在身边就好。就像是，徐大荣给了尹明珠面对一切困难的勇气，这也大概就是爱情的力量，会让人变得勇敢和无畏。

就像是，想起他的时候会感到心动和快乐，遇到困难时想起他就觉得没什么大不了。

这大概就是恋人间的一种魔力，一种自然而然就形成的惯性，虽然互相担心，但是互相鼓励，互相是对方的精神支柱，有对方在，什么事都可以无所畏惧，什么事都可以面对。

所以，一段爱情最重要的不是谁比谁付出得多，谁比谁付出得少，而是在于两个人是否相爱，两个人是否相爱到彼此是对方的勇气来源，是否相爱到牵着他的手你就感觉握住了全世界，是否相爱到他在你身边，你就像有了后盾有了武器有了勇气，然后目无一切。

感情至此，为何不牵手一辈子？为何不携手走进结婚的殿堂呢？

<u>3</u>

闺蜜叶子算是我们闺蜜圈里结婚最早的一位了，大学一毕业便和现在的老公结婚了。

就在我们都以为仓促在一起的婚姻一定不是那么完美的时候，叶子的朋友圈里却都是满满的甜蜜和快乐，去年年底还有了可爱的儿子。

我们都问叶子，是什么让你一毕业就有勇气走入围城呢？

叶子说，其实之前我也没有这样的想法。毕业后，我带他去我家，他坐在沙发上跟我爸妈说话，我爸妈不知道听他说了什么笑得特别开心，那种开心是发自内心的，我就那么恍恍惚惚坐在那里，觉得他好像就是我的家人一样，后来他带我去他家，他的父母很热情，脸上的喜悦也是很明显的，那个时候，我就觉得，我想跟他有个家，我们在一起确实就是家人的感觉，没多久他就跟我求婚啦，告诉我，他也是在那个时候产生了一样的想法，想要跟我一辈子在一起，哈哈，真没想到我们竟然心意相通。

叶子还说，虽然我跟他在一起的时间不长，但是特别默契，有时候我的一个眼神他就知道我在想什么，我开心时有什么习惯，我不开心时有什么习惯，他都摸得透透的，而他在我眼里也是如此，我就觉得合拍至此，有什么不能结婚的呢？

是的，合拍至此，有什么不能结婚的呢？

感情最难的是合拍，会给彼此一种家的感觉，这种合拍建立在默契以及兴趣爱好的相同点之上，然后上升到精神层次上的契合和合拍，再到真心接受彼此作为自己的家人。

这样的感情，如此难得，也如此珍贵，结婚后也必然是幸福和快乐的。

4

所以，什么样的感情才能结婚？

无非就是，无论对方怎样，你都不离不弃的感情，只要跟他在一起，什么事都无所畏惧的感情，还有，精神合拍，接受彼此的感情。

如果你遇到这样的感情，别犹豫了，早点抓紧对方的手，早点说出我愿意，这样的感情坚固，不易破碎，当然也能经得起未来时光的各种考验。

性格相似好
还是互补好？

1

微信上收到眉眉的电子结婚请柬，眉眉幸福地依偎在老公的怀里，脸上的笑特别的干净纯粹，而身边的人却不是眉眉辛苦爱了三年的大猴，说实话，我倍感惋惜。

突然记起了眉眉刚和大猴彻底分开时候我问的一句话。

我说，眉眉，你和大猴怎么会变成这样？

眉眉特别心酸地说，阿来，其实性格太相似不是件好事。我想，也许是吧。

眉眉和大猴真的是很好很好，两个人刚恋爱的时候感情特别好，几乎形影不离。眉眉和大猴的性格很相似，都是大大咧咧，很容易相处，喜好也基本差不多，比如吃饭的口味，看电影的偏好，两个人都很相似，就连眉眉自己也说，哇，没想到我和大猴竟然这么合拍。

可能就是因为性格相似，不自觉地就会被对方吸引，然后到了同一个磁场，同一个频道，自然而然就会走到一起。

眉眉和大猴是大学同学，眉眉第一次带着大猴跟我们见面的时候，我们打趣地问大猴，你喜欢眉眉哪一点呀。

大猴特别腼腆特别不好意思地挠挠头说，眉眉跟我很像，我觉得跟她在一起我特别舒服特别聊得来。

眉眉在一边害羞地笑，我们也都真心为眉眉感到高兴，可是我总有一些隐隐的担心，因为性格相似固然是好，可是……

眉眉性格很倔强，很较真，也看得出来，大猴也是如此。

因为那天饭局结束，因为服务员的不小心，上菜的时候把烫洒在了我的衣服上，我看面积不太大，就想不要计较了，而且这是眉眉第一次带大猴跟我一起吃饭，这也不是什么大事儿，别破坏原本和谐的气氛吧。

可是眉眉和大猴都特别坚持，一定要叫经理过来给我道歉，还说这不算小事，汤还是很烫的，还好没怎么烫着我，要是真出事了怎么办。我无奈，只能接受了经理的道歉，旁边站着的那位小服务员眼睛红红的眼泪都快出来了。

两个人都太较真真不是一个很好的征兆。性格相似固然是好，可能会有相似的爱好，相似的价值观，但是当偏执和偏激这种不好的点也一样相似，似乎就存在某些隐患。

2

眉眉和大猴第一次吵架，就是因为一件很小很小的事。

两个人相约一起看电影逛街，电影看完后，眉眉逛街看中了一件衣服，而大猴却一直在旁边说另一件好看。眉眉脾气也一下子上来了，就说要她手上的那件，大猴却一直皱着眉头说另一件好看，眉眉就想买手上的那件，准备去付钱，大猴却气呼呼地走了，眉眉先是愣住，然后觉得大猴也不可理喻，结完账就回来了。

　　眉眉一回来就说，大猴太过分了，不就是因为一件衣服嘛，他竟然生气地丢下我就走了，一点也不让让我，我喜欢不就好了吗？真是气死我了。

　　我愣住了，等眉眉平静下情绪说，眉眉，那一瞬间你自己有没有想过退一步呢？

　　眉眉的表情先是僵硬，然后硬着嘴说，凭什么我让他，我没想过，也没觉得我哪里不对了呀，明明就是大猴不够大度好吗？

　　这个时候大猴发来微信问我，说眉眉到寝室了吗？

　　我回，到了，你怎么不让让眉眉呢？她今天很生气啊。

　　大猴很快回了我的微信，说，这不是让不让的问题，我就是觉得她不听别人的建议，太固执了，我就觉得很来火啊。但是我知道，自己把她丢下是我的不对，可是我并不觉得我今天做错了。

　　我无言。两个人都没有退一步的意思，也都很坚持自己是对的，两个人的性格都那么倔强，都不退让，所以才因为这样一件小事闹得不可开交。这真的是一件很小的事情，其实只要眉眉撒个娇，或者大猴说一句你喜欢就好，两个人也就不会闹成这样啊。

3

　有了这件事的开端，矛盾和分歧也越来越多。两个人又爱面子，吵了架谁也拉不下脸去找谁，一开始，大猴还会别扭地站在女生寝室楼下等眉眉，虽然有些尴尬但还是来找眉眉的，眉眉看着脸色尴尬的大猴也觉得不大好意思，走走也就说起了话，渐渐和好。

　但是随着这样的事越来越多，直到一次吵架后大猴再也没来找过眉眉，眉眉每天盯着手机，下楼的时候也都在下意识看着大猴经常站的地方，眼睛在寻找大猴的身影，我问起来但还是死不承认自己想大猴，还嘴硬说，谁想他啊，不找我就不找我啊，我也不会去找他的，哼，有什么了不起的。

　我就在心里叹着气，说，唉，傻瓜，爱情不是这样的啊，两个人都这么倔强，却无法磨合，那么这段感情也注定无法继续走下去。

　眉眉和大猴就这么分开了，眉眉很难过很伤心，晚上偷偷躲在被子里哭也不肯给大猴发个短信打个电话。我于心不忍，电话里问大猴，你真打算就这么和眉眉分开吗？

　大猴沉默了很久，说，就这样算了吧。她跟我一样太倔强，谁也低不了头，在一起就只会互相伤害，算了吧。

　我了解，也觉得大猴的话说得很对，我把在床上哭了很多天的眉眉叫起来说，别哭了，你们俩没有谁对谁错，只是不适合。爱情里性格相似固然是好，但是偏激和偏执这一方面的相似却注定你们走不到一起的，你适合一个跟你性格互补的爱人。

眉眉隔了很久才开始了下一段恋爱，这中间我们毕业，各自把工作稳定下来，眉眉一直单身着，她说她对谈恋爱有些畏惧，怕再遇到一个跟自己一样倔强的人，直到遇到了明浩。

明浩是眉眉父母朋友的儿子，两家人在一起吃饭的时候眉眉和明浩才知道他们俩被相亲了，等父母们都离开只剩下他们俩的时候，他们俩相视一笑，笑容里有了些许的默契和深意。

眉眉和明浩相处得很愉快，眉眉觉得明浩很好的一点就是性格很温和，跟喜欢较真而且倔强的眉眉完全相反，眉眉闹脾气的时候明浩会哄着她，眉眉很钻牛角尖的时候明浩会让着她，就这简单的两点就已经让眉眉觉得很幸福了，也让眉眉下定决心跟明浩结婚。

4

眉眉结婚的时候挽着明浩的手，偷偷跟我说，阿来，还是找个性格互补的好。

我笑着摇摇头，说，不见得，改改你的坏脾气就好了。

一方性格偏执，那么就只能找一个性格互补的爱人，而两个性格都偏执和火暴的就像是两块吸铁石，同极是相斥的，但也不完全如此，两个性格都温和的人在一起也会是好的。

人各有异，选择适合自己的就是最好的。

好的爱情，
是要相互倾听的

1

我曾问过婚姻美满的姐姐，你觉得好的爱情需要什么。

姐姐思考了一会儿，说，好的爱情应该需要相互倾听，就是无论两个人多忙，也总会有时间，能静得下来听对方说话。

我知道，姐夫并不是一个善于言辞的人。我当时也很想不通为什么喜欢讲话的姐姐会爱上不善言辞的姐夫。

姐姐说，你知道的，因为在外企，压力很大，所以每天生活得特别累，有的时候人际关系也很复杂，我觉得工作压力很大，但是每天下班你姐夫都会一边吃饭一边听我说一天不开心的事和烦恼，可能他不善于言辞，也确实不会给我好的建议，但是你知道吗？看着他很认真地听我抱怨，我就觉得抱怨完了心里舒服多了，每次我抱怨完跟他说，唉，终于说出来了，然后我们俩就一起笑，他说，没事啦，把不开心忘掉吧，这就让我觉得很幸福，这和之前跟陆琛在一起的感觉完全不一样，所以你懂了吧。

我点点头，想起了姐姐和陆琛在一起的那段时间……

2

姐姐喜欢陆琛，喜欢了很久很久，也算是姐姐追的陆琛，大学追了两年，大三的时候陆琛终于和姐姐在一起了，姐姐很是开心，还记得那天晚上，姐姐开心地给我打电话说，阿来，我终于追到陆琛啦。

我由衷地，也打心眼里为姐姐高兴，也曾在姐姐的手机里见过陆琛的照片，高高瘦瘦的，笑起来特别阳光的那种，不是很帅的面容，但是确实能让人移不开眼睛，姐姐说，陆琛真的是一个浑身上下都散发着光的人。我想，在大多数姑娘眼里，自己喜欢的人永远都是散发着光的样子吧。

那个时候我还嘲笑姐姐，多大的姑娘了还有这种少女情怀。姐姐是一个话特别多的人，也是一个很情绪化的人，从小就叽叽喳喳特别能说，因为这个优点，她的演讲和辩论能力都很好，大学里还拿过全国大学生辩论比赛一等奖，姐姐很优秀，长得也算不错，我想陆琛喜欢上姐姐应该也是理所当然的事情吧。

我以为姐姐和陆琛在一起是幸福的，是开心的，但其实过了一个礼拜，姐姐就打电话跟我说，阿来，我觉得跟陆琛在一起后我并没有想象中那么开心。

我问，怎么了？陆琛对你不好吗？

姐姐的语气有些低落，说，陆琛不是个少语的人，但是我发现可能陆琛不太喜欢我讲太多的话，我每次兴奋地跟他说什么的时候，他心不在焉地听着，我说着说着他就岔开话题，我跟他抱怨什么，他也总是很不耐烦地说，这有什么的，是我自己想太多了，每次他这样说，我都觉得好委屈。因为我觉得爱人之间是应该相互分享自己的生活和喜怒哀乐的，也应该会有很多很多话说，我也觉得至少他应该听我说完或者说几句宽慰我的话，可是他完全没有。

我沉默了会儿，安慰姐姐说，也许你们只是刚在一起互相还不太了解，而且是你追的他，你要让他更了解你，你也可以跟他多聊一聊，多沟通沟通你的想法啊，慢慢来吧。

姐姐在那里叹了好几口气。

姐姐说，可是阿来，你知道吗？我真的很喜欢他，不想放弃他。

我说，我懂。

3

姐姐是在一个多月后回家的时候，我发现她整个人变得低落了很多，话也少了很多，饭桌上也是有一搭没一搭地跟长辈们讲话，我心里咯噔一下，貌似姐姐的情感状况不大好，临睡前，才跟她独自说上话。

我说，跟陆琛还是不太好吗？

姐姐无奈，说，上个星期我竞选学生会主席失败，那晚跟陆琛说起的时候，陆琛打断我说我太在意成败，心眼太小，每天话太多了，这也就算了，这周我申请到了奖学金，想跟他分享这个喜悦，他都没听我说完，就说自己有事就这么挂掉了我的电话，我都懵了。我觉得他好像特别不喜欢倾听别人，他好像比较喜欢那种安安静静的女孩子。可是有的时候他真的对我很好啊，我生病他会特别关心我，每天也会跟我说早晚安，也会贴心地叮嘱我早晚天气冷要添衣，但是就是没有耐心听我说话，这一点很困扰我，好像跟他在一起我都不敢说话了，这样你觉得正常吗？

我默然，听姐姐这么说，确实陆琛是一个很不喜欢倾听别人的人，有个这样的爱人真的很心累，因为无论是心灵多强大的人，都会有难过和不满想要跟亲近的人抱怨或者有很开心的事需要分享，两个人在一起是需要相互倾听的，这样的恋爱也是让两个人舒服的，一个不喜欢倾听的爱人是会让另一半觉得很累的，因为另一半要独自承受着一些东西，而无法诉说出来两个人一起解决。

4

姐姐和陆琛后来和平分手了。分手的时候，陆琛也很沉默，问姐姐为什么要分手，姐姐说，陆琛，我也不知道是你性格的原因还是我性格的原因，可能我们不太合适，我不希望有一个不能跟我分享我的喜怒哀乐的恋人，我希望的是，我的爱人不喜欢说话没关系，但是我希望他能多静下来倾听我一下，让我发泄自己的不开心，分享自己的喜悦，仅此而已。

陆琛很久很久没说话，最后还是说了句对不起，姐姐特别心酸无奈地接受了分手的事实，她说，原来两个人在一起最可悲的是无话可说，最不幸的是你遇到了一个根本不懂得倾听的爱人。

姐姐和陆琛分开了以后，很长一段时间都变得不是自己了，很多事情都会闷在心里，而且对很多事情情绪都不太高，变得跟以前活泼多言的姐姐不一样了。

直到遇到了现在的姐夫，姐姐和姐夫是朋友介绍认识的。第一次相识后，姐姐一回来我就问怎么样，因为我明显发现姐姐不一样了，好像眉宇间放松了很多。

姐姐说，还不错，一开始见面的时候因为不熟两个人都挺尴尬的，姐姐表现得很文静，但是当姐夫说，你是不是最近不太开心，如果不开心不介意的话可以说给我听听，也许说出来就好了呢。

姐姐一听这话先是一愣，后来整个人也就放松了，说了几句，看姐夫听得很认真的样子话匣子就打开了一样，说了很多很多，包括自己上一段恋爱的感受，姐夫一直在认真地听。姐姐说完，姐夫也和姐姐分享了最近一件很开心的事情，姐姐也感受到了来自姐夫的高兴。

姐姐就是这样喜欢上姐夫并且愿意和姐夫结婚的。

结婚前夕，我问姐姐，你感觉到幸福吗？

姐姐说，当然了，有个能够倾听我的爱人真的很重要。他不需要多优秀，不需要多阳光，不需要多有钱，能有两个人真心交流的时间和愿意听我诉说的心这就够了，这会让我觉得很轻松，跟他在一起没有负担，没有压力，就是那种全心全意相信他，信任他的感觉，虽然也许他不能帮烦闷的我什么，也不能说我开心了他也非得很开心，但是他愿意跟我一起分享，这才是爱情最好的样子。

听姐姐说完，我想，好的爱情，真的是需要相互倾听的。

做一个
不要太体谅的姑娘

小冉被甩了！！！

闺蜜用高分贝告诉我这件事的时候，我的耳膜简直都快破了，再加上闺蜜夸张的表情和语气，我简直哭笑不得。

我说，你干吗这么大惊小怪？

闺蜜特别奇怪地看着平静的我，说，你干吗这么平静？

我说，这有什么好大惊小怪的。

闺蜜说，这难道不值得大惊小怪吗？是小冉哎，小冉竟然被甩了，哇，简直太不可思议了。

我反问，你凭什么就觉得小冉被甩不可思议呢？

闺蜜语噎，但还是说，小冉那么好的姑娘怎么会被甩。

我笑了笑，不以为然，是的，小冉是个很好的姑娘。不仅长得漂亮，最关键的是性格一级棒。特别特别的善解人意，特别特别的温柔，特别特别的体谅别人。

我没有一点点夸张,真的是特别特别。最起码,小冉是我见过的最善解人意最体谅人的姑娘。也正因如此,我也才觉得她被甩了不是一件大惊小怪的事情。因为,不是每一个善解人意的姑娘都能得到幸福。

2

小冉和男友汪楠,哦不对,现在应该是前男友了,他们俩相识算早的。

高中前后桌不发生点什么也对不起整个青春了,汪楠坐在小冉的后面,从小打小闹到你侬我侬,两个人日久生情。

小冉是那种越看越耐看的姑娘,弯弯的眉眼,笑起来两个梨窝特别可爱,可能刚认识会觉得不太好相处,但是熟悉了以后你会发现小冉真的是个很细心很好的姑娘。

汪楠是个阳光男孩,篮球打得超级棒,小冉说,她特别喜欢汪楠打篮球的样子,感觉光芒会晃得她移不开眼。爱情就是这么滋长的,然后两个人牵起了手。小冉体贴到什么地步呢?

汪楠每次打完篮球,小冉如果在都会及时给他递上毛巾和水,如果小冉不在,也总会有一瓶水旁边躺着毛巾在最显眼的位置等着汪楠。

跟汪楠一起吃饭的时候,小冉总是会细心地记住汪楠的喜好,比如不爱吃香菜,葱少量。

每次汪楠下课就冲出去打球,桌上一团糟的时候,小冉总会帮他整理好，然后给汪楠拿好下节课上课要用的书。

……

很多很多，我们都说，汪楠啊，有了小冉你可真幸福。汪楠骄傲地笑，小冉则是害羞地站在汪楠旁边。

3

不幸的是，两个人并没有在同一所大学读书，而幸运的是，还好在同一个城市。

分歧也是在这个时候开始的吧，因为两个人不经常在一个空间了，每个人也都有各自的生活和要忙的事情。

两个人第一次吵架是一件很小的事情，那天小冉重感冒，拒绝了好几次汪楠的约会，都谎称自己学校里有事情走不开，但其实不是这样的，小冉生病了，病得很严重，也很想汪楠来陪她，我很不解，问她，为什么不告诉汪楠，让汪楠来陪她呢？

小冉咳了两声，说，我不想让他分心，他快考试了，跑来跑去的会影响他的发挥的。

我瞠目结舌，请注意，我并不是被小冉的这份体谅和善解人意所感动，因为我想不通，自己生病了为什么不能告诉男朋友。

后来，汪楠还是知道了小冉生病的事情。汪楠总感觉有些奇怪，他甚至都觉得小冉回避他是因为有了新欢，他还是来到了学校找小冉，然后知道了这件事。汪楠很生气，特别生气，他对着小冉说：小冉，你生了病为什么不告诉我，你以为你这样是体谅我吗？可是我却觉得，你这样根本没有把我当作你的男朋友，我希望你生病的时候我能陪在你身边。

小冉病着，看着生气的汪楠哭得梨花带雨，汪楠还是心软了，放低声音对小冉说，别哭了，下次不要这样了。

两个人和好了。

4

小冉的脾气是真好，百依百顺的那种。

汪楠问，小冉，我们今天吃什么。小冉说，都行，你想吃什么我们就去吃什么。

汪楠问，小冉，这件衣服好看吗？小冉说，你穿什么都帅。

汪楠问，小冉，你觉得这件事情我做得对吗？你有什么好的意见吗？小冉说，你做决定就好。

……

我问小冉，你这么体谅汪楠不累吗？你难道就没有自己的想法吗？

小冉特别天真地说，不是啊，我觉得我爱汪楠，我就得体谅他，善解人意总不会错的。

我觉得小冉善解人意和体贴是好，但是确实有些过头了，有些失去自我了。

分手的导火线是临近毕业选工作的事情。

小冉一直以来的愿望就是能留在大城市，也就是大学所在的城市，汪楠知道，这是小冉的梦想。而汪楠的家人却希望汪楠回老家考个公务员安安稳稳地在家工作。

汪楠问小冉，小冉，你的意见呢？如果你说你想留下，我可以跟爸妈再商量。小冉沉默了一会儿，却仰起笑脸说，没事的，汪楠，我们俩一起回家吧。

汪楠看着小冉的笑容却一点也高兴不起来，他慢慢地发现他们俩之间好像有什么不一样了。他好像已经习惯了小冉的顺从，也已经厌烦了小冉的顺从，他觉得小冉好像除了跟他说好，跟他说听你的，跟他说没关系，好像就从来没说过别的话，他也突然觉得小冉不是他喜欢的那个样子了。

这些话，是汪楠提出分手后，小冉伤心地哭着，我无奈之下只好去找汪楠，汪楠这样跟我说的。

其实我知道也理解汪楠的话，看着哭泣的小冉，我对小冉说：小冉，过度体谅并不是好事。也许你潜意识里觉得爱一个人就应该足够体谅他，是的，是该体谅，但是你不能在体谅的过程中失去自我，你也应该有自己的脾气，有自己的个性，有自己的看法，两个人有商有量，相互体谅才是更好的。你一味地体谅也只能让本来香浓的爱情变得淡而无味，失去了原本的滋味。

小冉沉默，我也不知道她听懂我的意思没。

汪楠选择分手，其实也是对小冉好，至少，要让小冉明白，太体谅，不是好事。

5

曾经有个读者在后台留言给我说：

阿来，我男朋友劈腿了，爱上了另一个姑娘。可是我不知道，我对他那么好，什么事情都顺着他。我一直努力做好一个女朋友的角色，我想过跟他结婚，也跟自己说一定要做个贤妻良母，所以我体谅他，很多细小的事情都会对他关心备至。他跟我分手时，说，我很好，可是他跟我在一起却没感觉了。可是劈腿的明明是他啊。

姑娘，就是你的"贤妻良母"的理念害了你。

是的，一个好的姑娘，是该学会体谅，善解人意，但是，任何事情都有一个度。好的男人会因为你的体谅对你充满感激，对你关怀备至，但是这样的生活过久了他们依然会觉得没有激情；渣男更不用说了，他们会利用你的好，享受你对他的好，对他的体谅，做出劈腿、出轨这种事情。

太体谅，不是件好事，而是，会毁了原本的自己和消磨爱情中的激情。

也会让你渐渐失去自我，从而变成一种自然而然的奴性。

太体谅，不是一种美德。

我觉得最好的体谅是，你关心他，但是也要有自己的个性和脾气，你体谅他，但是也要有自己的锋芒和限度。

所以，要做一个不要太体谅的姑娘。

愿 你 对 这 个 世 界 深 情 如 初 ， 不 被 辜 负

谈得了长距离的恋爱，
才配得上一辈子的陪伴

异地恋最重要的是，在彼此最需要对方的时候出现在她（他）的身边。

辑 6

yuan ni dui

zhe ge shi jie

shen qing

ru chu

bu bei gu fu

学历越高，
对象越难找？

1

明媚很忧伤地打电话给我，说她要疯了。出于对这位高学历代表的敬畏，我和她相约出来逛街。

逛累了，和她一起找了个地方坐下喝咖啡的时候，她叹了一口气，特别认真地问我，是不是学历越高，对象就越难找。

我心下了然，因为明媚就是典型的高学历代表，高中毕业以后，申请到了美国知名学府的本硕连读，同时还修到了经济双学位，英语口语一级棒。

我顿了顿，说，可能吧。明媚的脸色更悲哀了，早知道，当时就不去国外了，就在国内上个普通的一本学校拉倒了。

明媚的话外之意我懂，因为明媚高中时确实谈了个男朋友，结果一毕业人家听说明媚考上了美国那所大学，只留下了句，你太厉害了，然后就潇潇洒洒地跟明媚分手了，明媚当时可是哭着走出国门的。

当时我和她在学校门口的大排档喝了好几杯，明媚一边哭一边问我，自己是不是不该申请去国外读书，是不是不该考那么好的大学。

我记得，我当时的回答是这样的。一个男的，不要变得越来越好的你，那只是他没眼光。如果你为了一个男的，放弃变成更好的自己，那你才是没眼光。

2

如今的我笑了笑，我还没说完，我并不是觉得学历越高的姑娘很难找到对象的原因是因为学历，而是学历越高的姑娘，读的书越多，读的书越多的话，自然而然地就有着沉稳内敛的性子，侃侃而谈里，说的话会让不优秀的男人不自觉地产生自卑感。他的内心会觉得你太好了，太有涵养了，所以不自觉地就害怕跟你在一起，怕被你的光芒所掩盖。

学历高并不是你的错，那些因为你学历高就对你望而却步的胆小男人不要也罢，但是你自己也要做好以下几点：

第一，学历高并不能姿态高，也不能眼光高，适合才最重要。

有些学历高的姑娘会有些自以为是，觉得自己学历高了就怎么了不起了，殊不知，男人最讨厌的就是这样高姿态的女人。没有一个男人会喜欢一个一直高高在上的女人，要记得，任何感情都应该是平等的，你用高姿态看别人，就不能怪别人不要你，因为不是没人敢要，而是没人愿意要。而且，不能因为自己学历高就眼光高，觉得要找一个跟自己一样学历高的男人才相配，其实不然，两个人在一起，精神保持一致的高度才是最重要的。他很适合你，但可能学历没你那么高，你挑三拣四挑到最后，你不单身才怪。

第二，要懂得收敛自己的张扬，把自己的优点放大化，不要一直把自己的学历挂在嘴上。

生怕别人不知道你高学历，一遍遍总要强调好几遍的女人是啰唆的，是不讨人喜欢的。没有一个男人会喜欢一个这样张扬的女人。你要懂得收敛自己的锋芒，知道在一些场合男人的面子也很重要，你要有本事让别人觉得有你这么优秀的女朋友他自己也很自豪骄傲，这样你才会更受欢迎。

学历高是你值得骄傲的地方，但是如何表示得恰到好处，让别人不会觉得你这个人高学历了就怎么难相处，其实学历与性格无关，两个人看对眼，第一印象自然是外表，第二就是性格，性格合得来了，其他都好说。

<u>3</u>

学历高，并不代表对象越难找。明媚第十次相亲结束，打电话给我，支支吾吾说了半天，大致意思就是这个小伙子不错，这次还互相留了联系方式，小伙子也主动约她了，明媚并没有告诉他自己的学历，生怕吓着这个小伙子，因为好像这个小伙子是一所很普通的大学毕业，正在备考律师证。

愿 你 对 这 个 世 界 深 情 如 初， 不 被 辜 负明媚嗫嚅着说，万一他也不喜欢我高学历怎么办，我好不容易找到个喜欢的人，而且我感觉他也挺喜欢我的。

我想了想，说，你们再处处看吧，如果觉得真的在一起很开心很快乐，你呀，还是得找个机会告诉他，问他介不介意，毕竟总瞒着也不是个事儿啊，我反正觉得要是他真的喜欢你，是根本不会在乎你的学历的。

明媚也觉得我说的话有道理，满口答应。

在第三次约会的时候，明媚跟那个小伙子摊牌了。

明媚特别小心地，担惊受怕地跟那个小伙子说了自己的情况，也很痛心惋惜地表示如果他接受不了她也很体谅。

结果那个小伙子的话让明媚惊喜不已：明媚，我喜欢的是你这个人，你的性格，不是你的学历。再说，你学历高怎么了，我觉得有你这么优秀的女朋友我很开心，也真心觉得很骄傲，而且，这也告诉我，我要很努力，这才配得上你呀。你呀，就放一万个心吧，高学历怎么了，你不嫌弃我就好了。我觉得跟你在一起很舒服，所以我才喜欢你。你怎么这么傻？

4

明媚订婚的时候，我受邀去见证他们的订婚礼。

也终于见到了那个小伙子，他牵着明媚的手，低下头不知道在明媚耳边说了什么，明媚很幸福地笑。

席间，我并没有听到什么男孩子配不上女孩子这样的话，都说郎才女貌，还有佳偶天成，两个人真的相配得很。

我真心为明媚感到高兴，估计现在明媚想想当时说的"学历越高，对象就越难找"，自己都觉得好笑。

如果一个人真心爱你，喜欢你，他自然不会在意你的高学历，两个人相处，看的不是什么学历配不配，而是性格配不配，精神上配不配。他会欣赏你的好，你的优秀，而不会诋毁你，然后自己也因为跟你相比实在是自卑，最后放弃跟你的感情，其实说到底，从另一个方面来讲说明了，他没信心比你优秀，也没信心给你好的生活。既然一个男人这点魄力也没有，那这样的爱人不要也罢。

所以，根本没有学历越高对象越难找这样的说法，你变得更好，也总会有欣赏你好的人，你变得优秀，他也会努力想跟你一样优秀。学历高怎么了，两个人在一起过得又不是学历，而是生活。

如果我有病，
你会爱我吗？

1

闲暇之余，约见了很久没见的敏学姐，看到敏学姐气色明显好很多，我这才放了心，说，学姐，最近过得还好吧？身体还可以吗？

敏学姐温和地笑着，喝了口茶，说，挺好的。

我仔细打量着学姐，发现她突然变得不一样了，以前的敏学姐也是温和的，但现在的敏学姐貌似更多了一份淡然和坦然，这当中经历过什么事和遇到过什么艰辛我自然知道，我很佩服敏学姐，因为不是每个姑娘都能承受得住这样的痛苦。

还是不可避免地聊到了情感话题，我小心翼翼地说，学姐，还和他联系吗？

敏学姐大气地手一挥，特别潇洒地说，早就不联系了，我又不傻，一个在我生病，最需要他的时候做出那种决定的人，我想，对他，我也不必留恋。你知道吗？开始吃药治疗后，我相了好多次亲，认识了很多男人，每当我问一句，如果我有病，你会爱我吗？你会跟我结婚吗？他们脸上的表情都是惊人的相似，都是一种恐惧的、害怕的表情，然后就是避而远之的态度。

我无言，也很体谅，毕竟这个社会还是现实的，我无法强迫别人接受我的病，那么我更要接受这样的自己，更不能放弃自己。

"如果我有病，你会爱我吗？你会跟我结婚吗？"

这句话，包含着多少心酸与无奈，也包含着一个女孩子对现实的失望。

<u>2</u>

一年前，收到敏学姐订婚消息的时候，我是真心为她感到高兴的。因为在我心里，像敏学姐这么温和，这么善解人意，这么乐于助人的好姑娘，很少有人配得上她。敏学姐无疑是优秀的，而敏学姐的未婚夫，我见到的第一眼，就觉得很好，帅气，体贴，大大方方。

可是，在敏学姐开心地准备嫁为人妇，走进神圣的婚姻殿堂时，不幸的是在她的婚检中，查出了子宫肌瘤。

而幸运的是，她的子宫肌瘤并不大也不严重，吃药就能抑制，而且并不影响以后怀孕和正常的生活。敏学姐一开始也是受到了惊吓，听了医生的安慰后，稍微放心了，然后调整好心情去跟未婚夫说。

学姐本以为这个都打算跟自己共度一生的男人听了自己的话

后，会安慰、支持和鼓励失落的自己，陪她一起面对，但是那个男人却带着犹豫，支支吾吾地说出这样一句话，阿敏，要不等你病治好了我们再结婚吧。

敏学姐的心一下子跌到了谷底，心凉得不能再凉。而且，不止未婚夫，未婚夫的父母听说了学姐的病，也很明确地跟学姐说，如果两个人要结婚的话，就一定要等敏学姐的病治好再结，否则就别结婚了。

敏学姐带着巨大的失望和痛苦哭了一个晚上，谁也不知道那个晚上敏学姐是怎么过来的。

那个晚上，我给敏学姐打了很多电话，她都没接。一周后，敏学姐主动联系我，告诉我，她分手了，跟未婚夫分手了，婚约也解除了，既然她有病，未婚夫不能接受，等她病好了才能结婚，那么这个婚她宁愿不结，因为，这不是她想象中婚姻的样子。她本以为婚姻足够神圣，也对自己的爱情足够有信心，因为，每个姑娘都是带着无限的期待与幻想准备走进婚姻殿堂的。敏学姐说，至少，在她心里，两个人既然决定结婚，那么就一定会不离不弃。可是，现实却给了敏学姐残忍的一击，短短的一段时间，敏学姐看清了人心，看清了现实，也终于对这段自己失望透顶的感情说拜拜。

那个时候，我拉着敏学姐的手，说，学姐，我支持你，没事的，你一定会遇到对你不离不弃的人。

而现在，敏学姐治好了自己的病，也依然在等待那个能给她她想要的答案的人，就是那个愿意接受有病的她，并且陪她一起面对和一起克服困难的人。

3

写过并不多的情感文章，也有过不算多的情感经历，一直在想，在探讨，到底什么才能算作真爱。

现在，我想，真爱应该就是，我问你，如果我有病，你还会爱我、会跟我结婚吗？然后，你坚定地牵着我的手说，当然了。

参加过很多的婚礼，也对结婚誓词印象很深刻，如今怕是真正了解到里面的含义了。

"在上帝以及今天来到这里的众位见证人面前，我（新郎全名）愿意娶／嫁你（新娘全名）作为我的妻子／丈夫。从今时直到永远，无论是顺境或是逆境、富裕或贫穷、健康或疾病、快乐或忧愁，我将永远爱着你、珍惜你，对你忠实，直到永永远远。"

不长的话语，其实代表着很深的含义，也并非在逆境、贫穷和疾病面前，每个人都能有勇气永远爱着对方，珍惜对方。

我不知道，现在的敏学姐每次问出"如果我有病，你会爱我吗，会跟我结婚吗"这样的话时，内心会不会想起那段不愉快的过去，内心会不会很痛恨自己的病？

于是，我问学姐，你恨自己得了这个病吗？因为，如果没有这个病，你现在估计已经很美满地结婚了，开始了幸福的生活。

学姐摇摇头，说，不，你说错了。我根本不恨这个病，我反而感谢这场病。如果不是这场病，我不会知道，我即将要嫁的人，即将共度一生的人是一个这样没有担当，这样没有勇气，这样没有责任的一个男人。在疾病面前，他选择了退缩，如果我和这样的男人结了婚，那结婚后如果我生病了，他岂不是跑得更快，那到时候我才更加恨呢。所以，并不是一场病带走了我的幸福，而是离开了那个男人，我很幸运。

4

　　不管是爱情还是婚姻，能在爱人有病的时候依然不离不弃的，那就是真爱。只有这样的男人才是有责任有担当并且能够值得你共度一生的。

　　我们希望嫁的，不只是简简单单一个爱人，而是在困难的时候能陪在我们身边，在疾病的时候依然有他的肩膀，在贫穷的时候依然共渡难关，在逆境的时候有他的陪伴。

　　陪伴并不是最长情的告白，而是，你遭遇疾病依然能够爱着你，对你不离不弃的陪伴才是最靠得住的，也是最平凡、最让人心动的告白。这份爱，弥足珍贵。

谈得了长距离的恋爱，
才配得上一辈子的陪伴

1

收到栗子小姐和芋头先生的结婚请柬时，我们同时说了这样一句话，你们终于结婚了啊。

因为啊，栗子和芋头整整谈了 10 年的恋爱。

他们相遇的比较早。14 岁的栗子遇到了 15 岁的芋头，芋头是坐在离栗子不远的男生。

栗子第一次眉眼弯弯地笑着跟芋头说，你好。

芋头脸就红了，特别害羞了说了句，你好。

栗子是那种长得很漂亮很漂亮的女生，所以芋头红着脸是对特别可爱的栗子一见钟情，这是后来芋头说的。

但是栗子喜欢芋头却是因为一天下雨，栗子没带伞，芋头把自己的伞硬塞给了她，就跑掉了，自己却淋湿了。

于是啊，像电视里的偶像剧那样，栗子就这样很简单地被感动了。

于是，两个人顺其自然地就看对了眼。但是并没有明说出来，只是偶尔写个小纸条，然后偶尔递给对方一些零食。芋头会提醒栗子什么时候降温该添衣了，栗子会在考试前把考试重点给芋头画出来。

一直这样持续到高三毕业，本来说好了填一个学校，但是因为芋头的成绩比栗子差一点，最后还是去了两个不一样的城市，之间相距两个小时的车程。

2

在上海的外滩上，他们一起跨了第一个年，当新年的钟声响起，烟花在头顶绽放，芋头红着脸牵起了栗子的手，像变魔术般地拿出了栗子最喜欢的花——百合，说，栗子，做我女朋友吧。

栗子没说话，接过花，给了芋头一个大大的拥抱。于是，两个人开始正式恋爱了。

虽然异地恋，但是，芋头没课就会去栗子的学校陪她，而栗子没课的话，也会去芋头的学校跟他一起上课。

他们的恋爱简单而温暖，纯真而舒适。

栗子大二那年半夜急性阑尾炎发作，挂急诊被送到医院，疼得迷迷糊糊的还在说，不要告诉芋头。

可是身为舍友的我们都知道，这个时候，栗子越说不要告诉芋头，其实内心是需要芋头在她身边的。

我们偷偷给芋头打了电话，但是我们没想到芋头来得那样快，在栗子还没从手术室出来的时候，芋头就满身狼狈、满头大汗地出现在我们面前，甚至连外套都穿反了。

栗子睁开眼看到芋头在她床边，扯出了个微笑。

后来，我们才知道，芋头一接到电话，穿起衣服，就这么大半夜赶过来的。

哇，我们当时都惊呆了，芋头简直是好男人的典范啊！

栗子住院那几天，芋头一直陪着栗子，直到栗子出院。

<u>3</u>

临近毕业，栗子的家人要栗子出国留学，刚好，栗子的成绩优异，雅思托福都考过了，有两家国外的名校给栗子投出了橄榄枝。

对于栗子出国留学，芋头没有反对，相反，很赞同，其实芋头的成绩也是可以出国的，但是因为芋头的家境不太好，芋头跟栗子说，你去吧，我等你回来，我要努力赚钱等你回来。

栗子在美国和英国的学校中选择了英国的学校，我们都纳闷地问她，为什么没有去美国，美国的那所学校很牛的。

栗子满不在乎地说，英国的读研时间比美国少一年。

我们瞬间明白了，栗子是为了能早点回来才选择了去英国。

我们和芋头一起送栗子出国的时候，芋头这个大男生竟然看着栗子的背影哭了，我们都啧啧称叹，同时也担心着，这下可真是开始异地恋了啊。

栗子刚走没多久，芋头家里就出了大事。

芋头妈妈本来身体就不大好，没想到一下子病情恶化，恶化到很严重的地步，在中秋节本该团圆的日子，去世了。

芋头在国际电话里哭的时候，栗子简直吓坏了。她立即定了第二天的机票回国，当栗子风尘仆仆地赶到芋头家的时候，芋头妈妈的灵柩刚送上车，而芋头看到栗子，一下子眼圈就红了。

我们问栗子，为什么那么义无反顾地一定要回来呢。

栗子淡淡地说，这么大的事我不陪在他身边，谁陪在他的身边。

也是后来，我们才知道，栗子赶回来的第二天有个答辩，栗子错过了，被导师差点处分。

4

也是因为这件事，双方家人都知道了对方的存在。

芋头的爸爸拍着芋头的肩膀说，这个女孩子不容易，你要好好把握啊。

而栗子的父母一通国际电话打给栗子，很不赞成栗子和芋头在一起，栗子把大二得阑尾炎的事一说，栗子的父母不吭声了。因为当时栗子怕父母担心，都没有告诉父母，事后才说的。

但是栗子父母的态度依旧不明朗。

一年多的时间很快过去了，本以为异地恋就此终止。

栗子从英国飞回来的时候，芋头却没有来接她，因为芋头彼时刚好被调到北京做产品经销，芋头的上司告诉芋头，只要他在北京待足三年，回上海，他就是经理了。

而栗子一回来就很幸运地接到了上海一家外企的录取通知。

很不幸地，他们又继续了异地恋。

芋头问栗子，你要我回上海吗？如果要的话，我可以立马回来。

栗子说，没关系，你可是说过，要赚很多很多钱娶我的，我等着你。

三年的异地恋又开始了，他们彼此独立，却又彼此依靠。

我每次陪栗子过各种节日的时候，问栗子，你不想你男朋友陪你吗？

栗子都会温柔地说，过节什么的都不重要，重要的是，我最需要他的时候他在我身边。

三年结束，芋头调了回来，当上了经理，栗子那段时间真是神采飞扬。

可是当芋头提着东西去拜见栗子的父母的时候，栗子的父母很不同意，说，你在上海买得起房吗？你买车了吗？

这一连串现实的问题把芋头问懵了，自己刚升经理，这几年存的钱是够买个车，但还买不起房。

栗子却很坚定地牵着芋头的手说，我非他不嫁。

<u>5</u>

现在，我们收到了他们的结婚请柬，已经是距离那个时候两年后了，这两年栗子和家人一直僵持着，芋头拼了命地跑业务，终于和栗子在上海买了房子付了首付，两个人一起付的首付，但是栗子瞒着父母没说自己也出了钱。买房子时，芋头死活不让栗子出钱，栗子却说，早点买，我们就可以早点结婚了啊。

他们谈了 10 年的恋爱，8 年的异地恋，现在终于可以一辈子在一起了。异地恋最重要的是，在彼此最需要对方的时候出现在她（他）的身边。

谈得了远距离的恋爱，才配得上一辈子的陪伴。

到底该不该
去参加前任的婚礼

1

当然该去，必须该去，肯定要去的。

这就是我的答案，肯定得不能再肯定的答案。

而且，我觉得，不仅仅是要去，还要穿得漂漂亮亮的，给自己化个美美的妆，抬头挺胸，姿态优美地去。

至少我自己，如果我的前任邀请我参加他的婚礼，我就会去。当然了，我也巴不得，他失去了我以后，再也找不到更好的人，然后一辈子单身。如果他结婚了，我一定要擦亮眼睛，去看看，他失去了我，找了个什么样的女人相伴一生。

曾经微博很流行一句话，分开后我断不会说你不好。

我能保证我不诋毁你，但我还真不能保证我不说你不好。

曾经有闺蜜问我，如果我结婚，我会不会邀请我的前任。

我立即点头，说，当然了，为什么不邀请，我一定要来让他看看，我离开了他以后碰到了更好的人。

回到正题上来，我们到底该不该去参加前任的婚礼呢？我的建议还是应该去的。

如果你没放下，你去参加了他的婚礼，看到他有了自己的幸福，也就那么一瞬间，看到他牵起了别人的手，你放不下的心肯定也放下了。

如果你已经放下了，那更加要去了，都放下了那为什么不能去？

有人说，看到前任会尴尬。有什么好尴尬的。大大方方去参加他的婚礼，无论你现在是不是有对象，都大大方方地去，其实也只是你的心理在作祟，其实你以为的尴尬在别人眼里根本不算个事，你不去，他估计心里还乐呵着，哟，那个人现在还忘不掉我呢，估计参加我婚礼闹心得慌才不来的。他估计心里还在想，估计她现在过得不怎样吧，所以没有来参加我的婚礼。他还有可能在琢磨，估计她现在躲在家里哭呢，我结婚了，她一定伤心得要命，毕竟那个时候分手时她就哭得那么伤心。

为了不让前任有这些无谓的猜测，我当然会去参加他的婚礼。当然了，我是站着说话不腰疼，因为我自己都不确定，我的前任会不会邀请我去参加他的婚礼。去了的话我的底气会不会像现在这么足。因为我刚跟他分开不算久，目前的状态是，我会想他，但是不爱他了。

2

好像，说到前任，很多姑娘都会泪如雨下地跟我说，怎么怎么舍不得，这个时候，我一般会耐住性子说三句话：

第一，姑娘，时间会是治愈你伤口的良药。

第二，姑娘，分手，两个人都有原因，不是一方的错，不合适就是不合适。

第三，姑娘，你一定会找到比他更好的。

这三句话绝对不是鸡汤，而是很实在的话。第一句话，我真的觉得时间是一个很神奇的东西。它能保存你很多温暖而不想忘记的回忆，也能治愈你心上的伤口，可能那里会留个疤，但是至少，在多年后的某一天，你一定会感谢那些难熬的时光，那些失恋后痛苦的时光，正是那段不短不长的时光，才让你打磨出对爱情真正的理解。

就像我自己，刚分手的我，也是哭得死去活来，心里总是想着要挽回一下，要努力一下。现在，我简直想要骂当时的自己傻，现在，我根本瞧不起当时的自己。当然了，我也感谢当时的自己，也正是当时那样傻那样执着的自己，才让现在的我对那份感情一点留恋和后悔也没有。也铸就了现在很好的自己。

第二句话，分手，两个人都有原因，不是一方的错。

就是这样的。不论一份感情一开始多么甜蜜，多么难舍难分，甚至是轰轰烈烈，我告诉你，分手后都只是路人。你可以痛斥他的不好，但是你也必须承认的一点是，到了这个地步，其实自己也是有原因的。也许是自己心态的改变，也许是两个人本来的价值观就不一样；也许是自己不是他想要相伴一生的那个人的样子；也许是父母的反对，这一切的一切，都和你有关，有着密不可分的关系。

所以，其实，如果真到了分手的地步，要记住，两个人都有原因。

针对第三句话，我承认，这句话确实有些苍白无力。但是，我们总得给自己一些爱和被爱的希望啊，心里总得存在着爱和被爱的冲动和本能。总不能因为一场失恋，就觉得，自己的一生再也不会遇到其他人了吧。我告诉你，不会的。人潮拥挤，来来往往，无论你生活的城市是繁华的还是宁静的，这个世界上一天要发生多少次遇见哪。

也许，说不定，哪次的遇见就是你的终身伴侣了呢。

3

无论道理说再多，还是有很多人不能摆正心态去参加前任的婚礼。我想我也可以理解。因为，那个挽着别的姑娘的手，给别的姑娘戴戒指的人，是你曾经那么深爱，曾经也想过会和他一起走进婚姻殿堂的人哪，怎么走着走着，一个向左一个向右了呢？

不是没有惋惜，不是没有感慨，如果当时自己怎样怎样，说不定就不是现在这个样子了呢。可是，姑娘，你要记得，世界上本没有如果。

不要用所谓的如果来麻痹自己，这只会让你更加走不出心里的困境，走不出心里的迷宫，毕竟，你的心思只有你自己知道，你离开了他，是开心的还是不开心的，过得好还是不好，都是自己选择生活的一种权利。

他都结婚了，你还能怎样，你感慨得再多又能怎样，他身边的人也不会是你。

不去就不去吧，只是，希望，你是不屑去，而不是为了躲避一些内心还有的无谓的想法才不去。

你现在要做的是，对着心里的过去，郑重地说一声，拜拜。到底去不去参加前任的婚礼，这个问题随心而走吧。

傻姑娘，
千万不要为了爱委屈自己

1

这几天，有一位读者通过公众号后台给我留言，讲了她自己的故事。

这个傻姑娘叫弯弯，一个经常在后台给我留言，跟我聊天的姑娘，字里行间，我都感觉出这个姑娘的乐观、坚强和开朗。

但是，她的感情之路却不是那么顺利。她的男友是个很大男子主义的人，而且大男子得有些可怕，他一度要求弯弯在他的朋友面前一定要是个温柔听话的好女朋友。弯弯说，跟她男朋友在一起，她真的觉得好累好有负担，而且，有的时候就会觉得特别地受委屈。

弯弯说，每次跟他去聚会，自己都特别不开心。男友阿力总是在朋友面前炫耀弯弯是个多么听话的女朋友，然后指使弯弯赶紧做这做那。弯弯说，那个时候，我觉得自己像他的奴隶一般，还不止如此，阿力是个典型的直男，自从和弯弯在一起后，他自然而然就觉得弯弯是她女朋友，就应该帮他打扫屋子，就应该帮他洗衣服，所以他每次用理所当然的语气跟弯弯讲话的时候，弯弯心里总有一丝反感和厌恶，甚至会反思自己为什么要跟这样的一个男人在一起。

因为每一段感情，一开始在一起和后来在一起感觉是不一样的，当两个人距离越近，了解越深，相处的时间越久，就会慢慢发现对方并没有自己一开始想象的那么美好，反而有很多地方自己看不惯甚至是讨厌。

我听了后，简直觉得不可思议，我说，弯弯，你不觉得很委屈吗？

之所以这样问弯弯，是因为在我的思维里，我觉得正常的感情生活并不是这个样子的，而是相互认真对待，最起码不会委屈对方，也没有姿态高的一方，更不会存在要求对方一定要为自己做什么事这种荒唐的做法。

弯弯说，觉得委屈啊，但是她觉得跟委屈自己相比，她更爱他，所以，她觉得为了爱自己能忍受这些。果然，又是因为爱。可是，不能因为爱一味地委屈自己呀。

我反驳，并不是这样，如果你觉得你能够忍受，你就不会跟我讲这些了，其实你已经觉得委屈至极了，弯弯，你不能为了所谓的爱委屈自己，正视自己心里的感受，我想，你一定很不开心。

弯弯说，她喜欢阿力喜欢了很久很久，从高中就喜欢他，后来好不容易在一起了，她不想这么轻易放弃，她想爱一个人，是必然要受些委屈的吧。

我反问，那阿力呢？如果他真的也跟你爱他一样爱着你，他会舍得你受这些委屈吗？

一个真正爱你的人是根本不会舍得你受委屈的。你喜欢他比他喜欢你多，所以他才这么肆无忌惮啊。爱情中有一架天秤，一旦失衡，就应该多给自己几个反问：他真的爱我吗？他真的把我放在心上吗？

<u>2</u>

除了弯弯，我身边的朋友麦子也有过相似的经历。

麦子原本有个交往多年的男友，却迟迟听不见结婚的消息，一次麦子打电话约我出来喝下午茶，一见面，麦子就眼泪直掉，她说，她觉得自己好委屈。

男友冬子跟她恋爱后，从没有在任何两个都认识的朋友面前承认过他们俩的关系，每次麦子问，我们为什么不能告诉朋友我们在一起的时候，冬子是这样回答她的，等等再说吧，被朋友知道了不好。

这是麦子第一次觉得委屈的地方，什么叫被朋友知道了不好，麦子心想，自己难道有这么差劲吗？自己谈个恋爱有这么见不得人吗？为什么被朋友们知道了不好？谈个恋爱不就应该正大光明让朋友都知道的吗？为什么他不愿意在朋友面前大方地介绍自己，承认自己的存在呢？

麦子第二次觉得委屈的时候，是在一次朋友聚会上。

聚会的时候，很多朋友都在炫耀自己这个是男朋友买的，那个也是男朋友买的，麦子只能坐在那里静静地不说话，因为相恋一年多以来，冬子从来没有给她买过任何礼物。

麦子说，我不是个拜金的姑娘，也不是一定要什么特别特别贵重的东西，但是他从来也没送过我一件礼物，这会让我觉得自己根本不受重视。

我讶异，情人节、纪念日什么的也不送吗？

麦子摇摇头，表示没有，她说，每到节日，除了"节日快乐""我爱你"这些话，其他什么礼物也没有。

麦子自嘲地笑笑，这些我都不敢跟别人说，因为我知道每个人肯定跟你的反应都一样，而且最重要的你不知道，我跟他年纪都老大不小了，他不在朋友面前承认关系就算了，连他父母也瞒着，他父母给他安排相亲，他还答应他的父母！这一点我真的很不理解，可是，我真的在想，我在他心里到底是个什么位置？

麦子的眼泪一直流，说，我一直觉得自己爱他，觉得自己多体谅他一点就好了，可是为什么，我想想自己，都觉得特别委屈，而且委屈得想哭呢？

我安慰地摸着她的手，劝麦子，麦子，离开他，让你委屈至此，他根本不够爱你，你不要为了这份不完整的爱委屈自己。

真正的爱，是一份完整的爱，最起码见得了光，然后要能感受到对方的心意，哪怕是很小很不值钱的一件东西，能让爱人感受到你把她放在心上。

3

在好的感情生活里，是根本不存在受委屈这回事的。

如果他真的爱你，怎么会让你受委屈？

如果他真的足够把你放在心上，怎么会让你委屈地掉眼泪？

傻姑娘，你觉得你爱他，你能受这些委屈，可是你真的可以不流泪不伤心地受一辈子的委屈吗？其实不然，在你觉得你受委屈的那一瞬间，这份爱就已经不那么完整了。

当你觉得受委屈的时候，爱的天秤已经是不平衡的，这也代表着你的心已经起了波澜；

当你觉得受委屈的时候，不是你不够体贴不够体谅，而是你确实被伤到心了；

当你觉得受委屈大过跟他在一起的快乐时，这代表，你该对这份感情说再见了。

所以，记住，姑娘，不要为爱受委屈，让你受委屈的爱根本不值得你坚守。所以，要改进，对让你受委屈的爱情说拜拜，你真的值得更好的爱。

变优秀，
是为了取悦自己

1

我记忆犹新，曾经跟母亲逛街的时候，在大街上看到过这样一个场景：

一个哭得撕心裂肺的姑娘拉着一位男子的衣服，死死不放手，而那个男的却无动于衷，旁边还有另外一个姑娘挽着男人的手。哭着的姑娘一边哭一边哀求说，你别走，你不是说喜欢我的吗？我已经变得这么优秀了，你怎么还是喜欢她啊！！！

带着无力的质问和申诉，更多的则是歇斯底里的绝望和不解。

我和母亲站在人群之外，听人群讨论这件事，原来这个男人是哭着的姑娘的前男友，当时男的跟这个姑娘分手的原因就是嫌弃姑娘学历低文化不高，分手时说你要是变得优秀一点我就能跟你结婚了，结果，那个姑娘把这句话当真了，自考取得本科文凭，还拿到了会计证，现在是一家知名外企的财会师，前途一片光明，她回来找前男友，竟然心痛地发现人家有了新欢，于是便有了街头我们看到的这一幕。

我看着姑娘梨花带雨的脸，可以看得出来，本来很精致的妆容现在变得一塌糊涂，拉着男人的衣服不肯放手的样子让我看得可怜又可恨，可怜的是对女性同胞这样子的经历让我同情心泛滥，而可恨的是，我特别想上去拉起已经瘫坐在地上的姑娘，狠狠甩她两巴掌然后告诉她：

姑娘，难道你变得优秀只是为了取悦一个变了心的男人？爱你的男人会嫌弃你学历低文化不高？爱你的男人会忍心让你在众目睽睽下丢脸至此？

姑娘，最起码我们得有傲气，得跟自己说，我们变优秀，不是为了取悦男人！

也许他的一句话给了你坚持下去的力量，支撑你到现在，确实，你变得更加优秀了，可是，人心易变，你何苦为了一个不爱你的男人把自己所有的自尊践踏在脚底？我希望，你变得优秀不是为了取悦男人，而是为了取悦自己。你应该对那个嫌弃你的男人说，谢谢你，让我变成了更好的自己，而现在，我早已经看不上你了。

2

蜜桃刚失恋那段时间，过得比任何时候都惨不忍睹，作为她的朋友我简直是看不下去，蜜桃却对我说，阿来，你别劝我，我现在自己没想通谁也劝不动我，我想通了自己会好的，相信我。

蜜桃的恋情被小三插足，小三是一位身材超棒，颜值满分的美女，蜜桃一下子就被击败了，看了看自己微胖的身材和从不化妆的脸，连质问渣男的勇气都没有，就这么被分手了。

蜜桃天天不去上课，把自己窝在床上，哭着睡，醒了继续哭，哭累了继续睡，她对我说这句话的时候我知道蜜桃是什么意思，她是个死脑筋的人，现在任何人说什么都没有用。

一个星期过去以后，蜜桃终于离开床，她肿着双眼对我说，阿来，我想通了。然后就去洗脸，洗澡，换了身衣服，脸上也有了笑容。我想，幸好只有一个星期，还好蜜桃不像一些女孩子失恋了要死要活的。

一开始我只是知道蜜桃想通了，直到后来才发现蜜桃不仅是想通了，生活方式还有了很大的变化，她开始减肥、健身，而且很有毅力，从不懈怠，还拖着我去买了一整套的化妆品，对着镜子整天瞎折腾，还去买了英语口译的书，每天生活很有规律，简直像变了个人，以前的蜜桃是从不会说减肥的，也从不会碰化妆品这些东西，更别提好好学习看书了。

我问蜜桃你怎么了？

蜜桃一边背着单词一边回我，没怎么啊，我挺好的啊，你没看出来，我现在特别好吗？

听蜜桃这么讲，我更加肯定了自己心中的想法，蜜桃肯定是受刺激了，受了那个渣男的刺激，现在整个人都变得不一样了，我一边喜悦一边担忧，喜悦的是，蜜桃终于不哭了，重新恢复正常的生活轨道了，担忧的是，蜜桃是不是受刺激太深了？变得跟以前那么不一样？不过幸好，这种变化是好的变化。

蜜桃周末去把留了两年的长发剪掉了，剪了个齐肩的发型，烫了发尾，因为发型，整个人变得很有精神很有气质，还学习怎样化妆，化了淡淡的妆，变得很漂亮。

不多久，中级口译证也拿到了。中级口译成绩出来那一天，蜜桃约我去逛街，我看着正在试衣服的蜜桃，发现她的眼角流露出来发自内心的喜悦和自信，整个人变得异常柔和、有魅力。

我小心翼翼地问蜜桃，桃子，你是不是还没缓过来？

蜜桃有点吃惊有些惊讶地看着我，说，什么没缓过来？

然后过了几秒像是懂了我在说什么，先是笑了一下，说，哦，你说的是我失恋啊，说实话啊，一开始确实是带着"我就要变得漂亮，也要活得漂亮给他看看"这样的心态，可是没多久我发现自己的心境也不一样了，我化上妆换了个发型照镜子的时候，发现整个人都不一样了，变得赏心悦目，我自己一下子喜欢镜子里的自己了，也是那个时候我才发现，我变得好，变得优秀，不应该只是为了取悦一个不爱我的男人，我想，更是为了取悦我自己，让我自己心情愉快，也想变得更好更优秀，现在，我确定，我做到了。那天，蜜桃的笑容是我见过的最美、最好看的笑容。

3

确实如此，我们变得好，是为了我们自己，不是为了其他人，更不能是为了一个不爱我们的男人，如果仅仅是因为一个变了心的男人而变优秀，这根本是在委屈我们自己，因为你会发现，就算你变优秀了，他不爱你还是不爱你，或许他觉得你变漂亮了变美了，愿意回心转意，可是姑娘，这样易变的心，你真的愿意当作什么事都没发生坦诚地接受吗？你真的相信，这份爱再也不会变吗？

变优秀，是取悦我们自己，而不是取悦他人；变优秀，也是我们正确的生活态度，自爱、自傲、自重、自强，也是我们本该有的姑娘的样子；变优秀，也是为了等待足够配得上我们的人，能够给我们一份不离不弃的真爱。

所以，姑娘，要记住，你变优秀，不是为了取悦不爱自己的男人，而是为了取悦自己。

女孩子
正确的消费观念

1

闺蜜之前一直有个习惯，什么事情都会精打细算，每次用完一笔钱，总会想自己还剩下多少钱，每个月要存多少钱，她还能用多少钱。所以，下意识地用钱会特别省，看到喜欢的衣服犹豫好久，如果一件便宜一件贵，虽然贵的是比便宜点的好看，但是她还是会选便宜点的。再加上每个月有一定的兼职收入，她惊喜地发现每个月自己能存下不少钱。

当她这样坚持了两个月的时候，她喜滋滋并且骄傲地对我讲，这两个月她一共存了多少多少钱。

我像看怪物一样看着闺蜜，说，原来你这两个月都在忙着省钱大计。

闺蜜继续开心地说，对啊，我觉得好高兴，我省下了这么多钱。

我却一本正经地跟她说，你最近有好好照过镜子吗？

她摸着自己的脸，诧异地问，怎么了？我脸上哪里不好了吗？

我一脸嫌弃地拿着镜子说，你看看你的脸，没觉得黑头多了好多，而且脸上的斑越来越明显了吗？

她看着镜子中的自己，赫然变了脸色，发现自己真的憔悴了好多，跟之前的脸色相比，确实，差了一点。

我继续说，我知道，你刚实习上班，拿到工资，想存下钱是对的，我们是该有每个月存钱的计划，可是，你不觉得这两个月你很累吗？怪不得每次跟你一起逛街，你看到很喜欢而且你穿上很好看的衣服都不买，我那个时候还以为你经济困难，怕你难堪就没多问。你告诉我，你是不是这两个月天天几份家教，看你的黑眼圈，这么重。女孩子，知道省钱是好的，可是别太节省。我们要知道如何打理好自己，以及自己的生活，该用的钱要用。

女孩子，正确的消费观念是，别过得太省，既不要委屈自己，也不要大手大脚，知道什么适合自己，什么是自己需要的，合理规划收入就行。

2

我跟她讲了我的大学同学阿岚的事情。

阿岚毕业没多久就和恋爱两年的大学同学韩树结婚了，婚后两个人是你侬我侬了一阵子。阿岚真的是典型的贤妻良母，她有个小本子，每天都把家里的每一笔支出记在本子上，什么水费电费，一项项列好，很清晰明了。

韩树说，我真的是找了个好老婆，这么精打细算。

韩树的家境并不太好，阿岚也是，两个人刚毕业没多久就结婚，自然面临着比较严重的经济问题，买了房两家人一起付了首付，跟银行贷款，自然是要还贷款的。所以不得不每个月有一笔钱是用来还贷款的。

　　两人收入都不高，韩树的薪水还比阿岚差点。阿岚很精打细算，韩树一旦买些什么贵重的东西都会被阿岚说上半天。阿岚为了多赚些钱，经常加班，就是为了挣一点点的加班费，每次韩树回家本以为能看到妻子做好饭等着他，可是经常看不到阿岚，对此，韩树没少有怨言。阿岚却满不在乎地说，我要加班！多赚钱还贷款！你以后也要多努力多努力。

　　韩树却不这么认为，两个人结婚是要好好过日子的，要是每个人都早出晚归，都要加班，哪还有什么在一起的时间，这对两个人的感情，对这个家很不好。韩树觉得，两个人正常的薪水扣掉每月的贷款，正常的开销也是够的，没必要过得这么省。

　　可是，阿岚却觉得韩树不懂操持家事，变得越来越精打细算。怕水费多，会把水龙头开一点，下面放个水桶接着一点点流下来的水，阿岚说，这样水表会走得慢。

　　韩树带阿岚出去参加聚会，阿岚因为用劣质化妆品化了个妆，当天下雨，稍微淋湿一点点，阿岚的脸就跟花猫一样，搞得韩树在同学面前很没面子，韩树为此生了好大的气。阿岚却说，我哪有钱买好的化妆品，你发什么脾气，我还不是为了省钱。韩树无言以对。

半年过去后，阿岚兴致勃勃地拿着存折对韩树说，韩树，我们这半年除了还贷，还存下来这么多钱哦。

韩树却面无表情，看着身边穿着三年前刚认识阿岚时她买的旧款式衣服，还有素面朝天的脸，突然觉得很没兴致。自己结婚，并不是为了找一个成天省得要死，连最基本的日子都过得不开心的黄脸婆，他需要的，是一个能够好好打理一个家，虽然是要存钱，但是该买的要买，该花的要花，能过好基本日子的老婆，而不是每一笔支出都要跟她申请，被她念叨个半天。

韩树突然觉得这样的日子太过平淡和无趣了。

我停下来，闺蜜，你知道后来阿岚和韩树怎么样了吗？

3

闺蜜摇了摇头，但其实已经有种不太好的感觉，我继续说，韩树出轨了，然后和阿岚离婚了。闺蜜默然。

韩树觉得日子太过平淡和无趣的时候，便已经有了厌烦阿岚、厌烦现在生活的心，这样的男人，还指望他能够老老实实的吗？

阿岚发现韩树有新欢后，哭得死去活来，一边哭一边说，韩树，我为了这个家付出这么多，你怎么能这样对我。

韩树一脸无奈，说，阿岚，我知道，你很尽心尽力在打理这个家，但是，阿岚，这不是家的样子，你天天加班，我知道你累，可是，你忘了吗？我是你老公，我也希望能和你经常在一起去看看电影吃吃饭什么的，可是你总说，要省要省，说那样太浪费钱，连最基本的生活情趣你都要拿钱说事。还有，你看看你自己，从来没好好打理过自己，我真的不想再过这样的日子了。

阿岚愣住，一脸不敢置信的样子，但是没办法，她知道，眼前的男人已经变心了，已经回不到过去了。

<u>4</u>

我对闺蜜说，亲爱的，太过省钱并不是一种美德，别提婚后的阿岚，谈谈还没成家的我们，我们更应该学会的不应该是如何打理好自己和自己的生活吗？

为了过度地省钱，完全忘记打理自己，让自己变得蓬头垢面，脸色像比实际年龄大了很多，这样的我们怎么能吸引欣赏的眼光？这个时候，你存下来的钱有什么用呢？

为了过度地省钱，让自己变得忙碌不已，根本没有时间好好停下来去感受一些其他的东西，这样的我们真的开心吗？

也许有的人会说，生活所迫，不得不勒紧裤带过日子，不得不节省一点，为的就是能减轻一点爸妈的负担。

是的，这确实是正确的。所以要选择正确的生活方式：

不太过节省，知道什么是适合自己的，还有什么是自己需要的；

不大手大脚，不盲目地从众，花钱要有分寸，不要过度委屈自己，不能因为过度节省把自己熬出病来，要知道身体是革命的本钱；

每个月还是要有存钱的目标，是为了约束自己，维持正常生活的前提下适度就好；

婚姻中，记好每一笔账，保持婚姻的新鲜度，适度消费保持生活的情趣。

所以，姑娘，别过得太省，要懂得消费的正确观念，才能把自己变得更好，打理得更好。

辑 7

独立
才是最好的保护器

对于我们每个人本身而言，独立是一种生活态度，它会让我们变成更美好的自己。

yuan ni dui

zhe ge shi jie

shen qing

ru chu

bu bei gu fu

独立
才是最好的保护器

1

小冉姐终于离婚了。

她打电话告诉我这件事的时候，我没有任何惊讶也没有任何惋惜，那场婚姻对小冉姐影响重大，也意义匪浅，让小冉姐从婚姻的期待到梦想的破碎，再到现在重新振作，彻彻底底变了个人，不得不说，小冉姐变化实在是太大了。

我在电话里问，小冉姐，你觉得对于一个女人来说最重要的保护器是什么呢？

小冉姐先是沉默了一会儿，说，可能以前的我以为，结婚了丈夫就是我的一切，也是我的保护伞，可是当婚姻的现实渐渐击败我的时候，我就觉得，我只能靠自己，独立才是女人最好的保护器。

阿来，你要记住，这个世界上，谁也靠不住，你只有靠自己，靠自己的双手赚钱，然后变得独立，不依靠别人，这才是一个女

愿 你 对 这 个 世 界 深 情 如 初 ， 不 被 辜 负

人最大的资本。

我知道，小冉姐说出这句话的时候经历了多少。

2

小冉姐一毕业就准备结婚，所以收到她请柬的时候连我妈妈都感慨，小冉怎么这么快就结婚了，我记忆中她好像昨天才上高中呢，转眼间就嫁人了，然后用饱含深意的眼神看着我。

我当然知道我妈的意思，她就是在间接地催我，我装作没听见走远了。

其实我心里也纳闷，小冉姐怎么一毕业就结婚，我趁假期回家去找小冉姐聊天，小冉姐脸上满是待嫁新娘子的开心，激动还有浓重的期待。

小冉姐真的是一个很好的人，温柔娴静，标准的瓜子脸，属于那种越看越耐看的姑娘，从小，小冉姐就是很优秀的"别人家的孩子"。

我特别羡慕她，成绩又棒，长得又好看，性格也好，我妈不止一遍说，要是我有一点点像小冉姐就好了。

我问，小冉姐，怎么这么快就结婚了？

小冉姐笑着回答，说，遇到了对的人就结婚啊，而且他家家庭环境不错，我妈也满意，对我也很好，干吗不嫁呢？

我想，确实也是，遇到一个自己觉得合适的人干吗不嫁呢？不过带着些许的担心我还是问，小冉姐，你工作稳定下来了吗？

还有，你确定你了解他吗？

小冉姐回答，他说了，结婚后我根本不需要工作，所以不着急啊，当然了解了，不了解怎么会选择跟他结婚呢。

我带着祝福的心态看着小冉姐走进婚姻的殿堂，满是幸福的微笑和对未来的憧憬，我想，小冉姐这样好的人一定会得到幸福的。

其实不然，小冉姐婚后三个月的某一天突然哭着打电话给我，说，阿来，我觉得很难过。

原来自从小冉姐和丈夫结婚后，就搬进了丈夫的家里，因为跟公公婆婆一起住，婆婆经常冷嘲热讽地讽刺她在家吃白饭。小冉姐就觉得委屈，小冉姐不想再被婆婆这样说，就跟丈夫讲说想出去找份工作，丈夫却说，你好好在家待着吧，你能赚钱养活自己吗？别开玩笑了。

小冉姐听得心里很憋屈，她没想到自己的丈夫也这么看不起她的能力。

我想了想，这应该是嫁给有钱人家必有的经历吧，我说，小冉姐，要不你和姐夫好好再聊聊？

小冉姐应下了。

3

我以为情况会好转，可是接到妈妈的电话时，我才知道小冉姐过得越来越不好了。

丈夫也渐渐对她在家越来越不满意，她想出去工作，丈夫又不愿意，婆婆又嫌弃她家务活干得不好，她过得不开心想回娘家过两天，丈夫又觉得她这个人太娇气，渐渐地，就这么吵起来了，而且慢慢演变成两个家庭的争吵。

直到有一天，小冉姐特别平静地说，阿来，我要离婚。

我大惊，问，怎么了。

小冉姐说，我不想再过这样的日子了，我要自己出去找工作，学会怎样生活，我不能永远待在家里，他们觉得我没能力养活自己，那我就要证明自己，我就不相信，我还不能养活自己了，他们甚至觉得我离婚了我就过不下去了，在我提出离婚的时候，我丈夫觉得很可笑，看到我较真了，婆婆就跟我说他们家的钱我离婚后一分钱也拿不到，丈夫一声不吭，没有挽留。我也真的是死心了。

我这才发觉小冉姐的生活真的是过得太不如意了，选择离婚对小冉姐真的是明智的。

小冉姐刚从夫家搬出来的时候，夫家还担心离婚要分财产给她，一直拖着不离婚，但是小冉姐头也不回地走了。

为了不拖累家人，她自己一人独自来到上海，租着一间不大的合租房，每天早出晚归找工作。因为缺少工作经验，所以工作很难找，因此小冉姐一开始真的是很辛苦，因为不得不赚些钱维持生计，所以她就先找了几份家教做着兼职，然后一边找着合适的工作。

家教做着做着，一个家长看小冉姐很有耐心，想跟她长期合作，还把工资涨了好多。小冉姐很开心，与此同时，功夫不负有心人，她收到了原来大四实习的那家公司的 offer，她原本也只是想试一试，没想到真的成功了。

这中间的心酸大概只有小冉姐自己一个人懂。

现在小冉姐生活状况已经得到了改善，换了一间宽敞的屋子租住，以前疏于打理自己生活的她也慢慢变得精致起来，自己从零开始，慢慢学会化适合自己的妆，也有了自己的存款，小冉姐说，她现在才觉得这是自己。

4

其实就是这样的，一个女人，最好的保护器不是一个多么有钱多么强大的男人，而是独立的自己，有自己独立的想法，有自己独立的经济，有自己独立的性格，这才是女人最好的保护器。

不是说男人不可信，也不是说每个嫁入豪门的人都会遇到这种情况，而是对于我们每个人而言，独立是一种生活态度，它会让我们变成更美好的自己。

当你足够独立，你变得自信而有风采，你才是光彩照人的；

当你足够独立，你就会发现另一个自己，这个自己才是你真正喜欢的自己；

当你足够独立，你的精神独立，性格独立，你才不会迷失自己，失去生活的方向。

所以说，女人啊，是要沾点世俗气的。你被男人保护得好好的，成天拿男人的钱花不是不应该的，但是千万别忘记，自己生活的意义在哪里。

　　你要记住，独立才是女人最好的保护器。

找个会撩妹的爱人
真的好吗？

1

最近，"会撩妹"这个词出现的频率很高，不仅是《太阳的后裔》会撩妹的宋仲基们让各位姑娘欲罢不能，还有《欢乐颂》里会撩妹的小包总让大家对他好感倍增，众多女生大呼，男人会撩妹才是王道，会撩妹的男人才更加受欢迎、魅力值满分。

但是，找个会撩妹的爱人真的好吗？我们来谈谈这个话题。

同事小米的男朋友阿坤我们都见过，同事聚会上说好各自带家属，于是小米带着阿坤一起过来的，我们就在聚会上见到了阿坤。

阿坤给我第一印象不太好，总觉得这个男人有些太过精明，眼角都是戏谑，一进门眼神就不停在我们几个女同事之间晃，而小米这个姑娘神经大条，根本没注意自己的男朋友的眼神。我有着巨蟹座天生自带的敏感，看阿坤觉得哪里都不合意，也暗暗为小米感到惋惜。

小米是个很好的姑娘，虽然神经有些大条，但是对人和善，对我们同事都很热心，长的不算好看，但是自带一种开朗明亮的光环。

不知道是不是人比较多或者小米就在旁边，阿坤还算老实，整顿饭没出现什么小的插曲，但是我始终隐隐地为小米感到担心。

果然，一周后的一天，从不迟到的小米破天荒迟到了，而且眼睛肿了一大圈，又红又肿，那个样子我一看就知道肯定是发生什么事了。

作为小米办公室蛮好的朋友，我在午间休息的时候偷偷拉着小米问怎么了？小米一上午都魂不守舍的，这绝对不正常，而我下意识觉得70%跟阿坤脱不了干系。

不出意外，我一问，小米的眼泪又出来了，说，阿来，我该怎么办，阿坤他……

眼见小米的泪水越来越多，我赶紧安慰，小米稍微镇静下来我才知道了事情的始末。

昨天小米下班有些晚，因为最近我们事情多经常加班，在门口看到了阿坤和邻居的一个女人动作亲热，看到小米后就像什么事也没发生过，两个人分开，那个女人回去了，阿坤站在那里跟小米打招呼，依然是笑着的，也没有对刚刚的事情有什么解释。

小米黑着脸问他，他刚刚在干吗？

阿坤满不在乎地说，没干什么，邻居碰到了就打个招呼啊。

阿坤的神情没有任何的愧疚，小米看得心里难受得发紧，趁阿坤洗澡去敲邻居女人的门质问。

结果那个女人的回答让小米差点崩溃，原来一直是阿坤在撩她，而且邻居女人很嘲笑地看着小米说，小米不在的时候她还看到过阿坤带着女人回来。

小米自然是知道阿坤的撩妹技能的，因为当初也是被阿坤撩得芳心萌动，才跟阿坤在一起的，小米一直觉得阿坤是那种很有魅力的男人，追小米的时候总说些话让小米脸红心跳，小米很喜欢阿坤，却没想到阿坤有了女朋友还撩妹个不停。

我听完，对阿坤的厌恶加上了一层，对小米说，赶紧离开他吧。这样会撩妹的爱人不是好的爱人，可以说是花心，也可以说是四处留情。

小米哭着点点头，说昨晚已经提出分手了。

2

这种家有女友却还不停止对外面女人实施撩妹技能的，不能称之为有魅力，简直就是个花心大萝卜好吗？遇到这样一个会撩妹的爱人真的好吗？

其实，会撩妹确实能提升情侣间的情趣和升温两个人的感情，撩妹虽好，但是更好的更完美的是，他撩妹，撩的只是你，对其他女人这种技能完全丧失。这才是会撩妹的好爱人。

3

我们几个大学同学毕业后相约一起吃饭，也是第一次见阿雅的男朋友的时候，都觉得这是个冰山男，吃饭的时候不多话，就坐在一旁静静地吃，我们开他和阿雅的玩笑的时候，他除了礼貌地笑一下没有其他言语，让我们几个大学同学好不尴尬，阿雅则是在旁边抱歉地笑笑。

后来，我们私下里问阿雅，找个这样没温度的男朋友你幸福吗？

阿雅特别吃惊地说，什么叫没温度？没有啊，我觉得他蛮好的。

我们列举聚会上的事给阿雅听，阿雅笑着说，你们说的是这件事呀，那你们觉得他除了没温度还有什么其他缺点呢？

"少言"

"无趣"

"开不起玩笑"

……

我们叽叽喳喳地说。阿雅笑得更开心了，说，才不是呢，他单独跟我在一起的时候很逗的好吗？而且，他很会说话的，经常会把我哄得开开心心的，跟我在一起的时候话也特别多，我觉得他对我很好啊，哪像你们说的那样。不过你们这样说我也放心了，因为聚会前我跟他说你们都是我很好的大学同学，他当即就让我放心，大学同学再漂亮他也不会动心的，我真的觉得他很好啊，会讲情话，撩妹也只撩我一个，哈哈。

我们听完一顿沉默。

隔了好几秒，大家都仇恨地盯着阿雅，说，恩爱秀得我们一脸血。阿雅笑得更加开心。

其实我们都为阿雅感到高兴，能遇到一个这样的男人真不容易。会撩妹，撩的只是自己的女朋友，从不会失去分寸地去撩别的妹子，也不会动歪心思。

这样看来，找个会撩妹的爱人好像也不错，但是前提是会撩妹，但只撩自己的女朋友。

4

撩妹：意指男性通过向女性示好以求获取女方芳心的过程，也就是指讨好女孩子、挑逗女孩子。

找个会撩妹的爱人真是不错，不仅能使这份感情随时保持新鲜感，也能时刻让女朋友感受到惊喜和爱意。

但是要注意的是，他撩到了你，而且只喜欢撩你，而不是把撩妹当成他花心的一种技能，随处撩妹，这样会撩妹的爱人可千万要不得。

所以，一定要找个会撩妹但是只撩你的爱人，这样的爱情才是时刻充满惊喜和暖意的。一味只想找一个会撩妹的爱人，这是不可取的。我们需要的，当然是一个一心一意的爱人呀。

活得漂亮
比长得漂亮更重要

<u>1</u>

远房亲戚家的小表妹问了我一个问题，阿来姐，一个姑娘究竟怎样才是最好的状态呢？是把自己打扮得美美的吗？还是有一份稳定的工作？

我回答，活得漂亮才是最重要的。

我一直都觉得，一个姑娘长相和皮囊固然重要，但是活得漂亮才是最重要的，也可以从某一个程度来说，长得漂亮甚至不如活得漂亮。

活得漂亮是一种生活态度，也是一种生活状态，而长得漂亮自然是天生就有的一种优势，但是活得漂亮比长得漂亮重要得太多太多了，如果你活得不漂亮，那你也一定是不漂亮的。

或许长得漂亮可以给你身心本身一个愉悦，也许你会对着镜子里美美的自己倍感满意，长得美也确实是一种资本，可以带给你来自于很多男人的追求和追随，但是活得漂亮能让你整个人都变得光彩照人，尽管可能长得比较平凡，但那是不一样的风采，一种不是长得漂亮就会有的风采和吸引度。

可是，这个世界上，长得漂亮的太多太多了，也许我们化个妆，就能变成漂亮的自己，但是，我们要想做一个活得漂亮的人，却需要很多很多的努力。

首先，我们得知道，我们想要什么？

每个人的需求不一样，期待中的自己也不一样。也许会觉得能够一身子然，想去哪里就去哪里，敢爱敢恨，肆意潇洒，这是活得漂亮；也许会觉得找一处安静的地方，烦闷的时候随意走走，有一个知心朋友，有一个温柔爱人，这是活得漂亮；也许会觉得画上美美的妆，蹬着气场足够的高跟鞋，叱咤职场，做自己的女强人，这是活得漂亮；也许会觉得做一个平平凡凡的人，懂得自己拥有的才是最难得的，这是活得漂亮。

所以，每个人期望中活得漂亮的自己总是不一样的，就像心中装着另一个自己，对自己现状不满的时候，就会停下来看看那个让自己艳羡的自己，才能够有勇气和精力继续向前。

其次，我们得知道，我们要做什么？

知道什么是想要的自己后，我们当然得明确，我们要做些什么才能变成那样的自己，才能够活得漂亮。

当然要更努力更努力啦。

你要想明白，要怎样去努力，要怎样去让慵懒的自己动起来，这需要你时刻监督自己。这个世界的节奏一向很快，你不努力，随时会落在末端，然后慢慢地被别人忽视，你也会慢慢觉得，要干些什么真的好累啊，我就现在这样就好了。但是，一旦看到别人活成了你想要的那种漂亮的样子，你的自尊心和嫉妒心又疯狂膨胀，还有药可救的人会醍醐灌顶，觉得自己该做些什么了，最可怕的是那种仍然站在原地，对自己说，哼，她有什么了不起的，哼，不就是怎样怎样嘛，有必要这么炫耀吗。

2

是啊，别人是没有什么了不起的，别人仅仅是活成了你喜欢的，你期待的，那种你没变成的漂亮的样子而已，而你，依旧什么也不是，嫉妒的心让你变得丑得可怕。

此刻的你，漂亮还有什么用呢。心里已经阴暗，心里已经嫉妒得发狂，心里已经不再有活力。

此刻的你，依旧捧着自以为还年轻、漂亮的脸，对自己说，嗯，没关系，我长得比她漂亮。嗯，是的，你是漂亮，那终究只是躯壳而已。你的内心简直孤陋得可怕。

最后，你还得知道，活得漂亮才是保持美丽的秘诀啊。

当你活得漂亮的时候，你的身心都得到了极大的愉悦。你很满意现在的自己，所以你自然是开心的。

当你活得漂亮的时候，经历过的辛酸苦楚只有你自己知道，那些也终会变成你人生中一笔宝贵的财富，藏在你的心底，闪闪发亮。你可以变成自己的太阳，无须凭借谁的光。

当你活得漂亮的时候，你可以对自己说，好样的。你也可以对过去的自己说拜拜，因为，你已经不一样啦。

当你活得漂亮的时候，你的喜悦感，自豪感，满足感会不自觉散发在脸上，变成一道不可抗拒的光，会吸引更多的人接近你，喜欢你，你会变得更加自信。

3

我很喜欢奶茶刘若英说的一句话：

"想象自己是竹蜻蜓，只要张开双翅勇敢地迎着风去，便可以飞起来，自由地飞起来。"

这句话一开始，我是从艾姑娘嘴里听到的。

艾姑娘是姐姐的一位朋友，也是姐姐最羡慕的一个人。和姐姐一起念师范的时候，艾姑娘就跟姐姐说，我不想只做一名教师。

姐姐特别羡慕她，说艾姑娘说这话的语气和样子特别漂亮，她从来没觉得艾姑娘这么美丽过。论相貌，艾姑娘是个很平凡的姑娘，可以说是放在人群里比较大众化的长相。

果然，和姐姐一起毕业以后，她没有像大多数姑娘那样选择找一个相对好的学校教书，而是申请去了贵州那里支教两年。

我只见过艾姑娘一次，在姐姐请她吃饭践行的饭局上。姐姐问她，小艾，你真的决定了？不会后悔吗？

艾姑娘一脸淡笑，说，是啊，我觉得那应该是一件很有意义的事。我想出去看看，感受一下不一样的生活。生活方式是自己选择的，有什么后悔不后悔的，我想，那一定是一种很棒的生活经历！怎么可能会后悔呢？

艾姑娘一脸云淡风轻的笑在当时的我的眼里，我只觉得，这个姐姐好棒，有勇气去做这样的事。

后来，姐姐给我看艾姑娘传给她的照片，照片里，艾姑娘笑得很甜，旁边是一群小朋友围着她。她对姐姐说，我很开心。

后来，我还听说，贵州支教完了后，她去了西藏，现在又打算去四川那里。

姐姐说，艾姑娘活得真漂亮。嗯，我想是的。

皮囊固然重要，重要的是，有颗活得漂亮的心。

也许现在你已经在心里勾勒出你想要变成的样子，那么就请你去努力实现吧。亲爱的姑娘们，梦想和现实的距离并不远，活得漂亮，你才能变得更美呀。一定要记住，活得漂亮比长得漂亮重要多了。

先爱自己，
然后再爱别人

1

我一直觉得，能够好好爱自己的姑娘，才会有一个好的爱人。如果连自己都不能好好地爱，那你怎么有资格被人爱呢？

我曾经见过一个失恋的姑娘，看到她的样子真的是糟糕极了，让人怜悯之心泛滥。可怜的是，她男朋友劈腿了，跟她提分手，她不敢置信自己深爱的男友会抛弃她，然后哭着求那个男人不要离开她，结果，男孩还是离开了。她整日以泪洗面，饭也不好好吃，她妈妈干着急，实在是没有办法了，看到自己的女儿这么不爱惜自己，做妈妈的很心疼。

可恨的也就在这个地方，为了一个男人竟然让她的母亲担心得掉眼泪，毫无办法，只能请假在家陪着女儿怕她出什么事。

这个姑娘的妈妈和我妈妈是好朋友，无奈之下，那个阿姨找到我，说，阿来啊，你们同龄人，会不会比较好说话，要不你去帮我劝一劝小倩？

我应下那个阿姨，我应下不是因为我同情那个姑娘，而是因为我同情一个做母亲的心，也不想再让阿姨这样担惊受怕。

姑娘的房间很暗，窗帘都拉上了，我只能勉强看到她披头散发地坐在沙发上，隐隐地听到抽泣声。

她感觉到有人进来，没有抬头，但浑身上下散发出的拒绝和难过我还是感受到了。

我站在那里坐也不是，走也不是，只能不说话，静静地听着她哭，也在盘算着自己要说些什么，还仔细观察了她的房间。房间很乱，估计跟她的心情一样。

隔了很久，她像是很奇怪，我进来为什么不说话。突然抬头看了我一眼，我正好对上她的眼睛，心里一惊，这眼睛，已经哭得如此红肿了。

心里还是叹了口气，也想好了要说的话：小倩，我知道你失恋固然痛苦。可是他已经回不来了啊，你不好好吃饭，不好好让自己过日子，不重新振作起来，他会心疼你吗？他难道就会回来吗？是，你很爱他，可是，他不爱你了啊。你可以照照镜子看看自己的样子，还是你自己吗？你再去看看门外你妈妈的样子，看看她最近瘦了多少？一个女孩，连自己都不好好爱，失恋了只知道折腾自己的身体，还让为你担心的妈妈掉眼泪和难过，你觉得这是你应该做的事吗？

小倩停止了抽泣，愣愣地看着我。我摇了摇头，出去了。

连自己都不好好爱，哪还有资格去爱别人，哪还有资格去寻求更好的爱？要知道，真正爱你的人是不会离开你的，离开的是风景，而留下的，才是人生。

2

女孩当自爱。

不管是谁，不管是怎样的姑娘，都要记得，女孩当自爱，做一个爱自己的姑娘，好好生活，爱自己应该爱的人，比什么都重要。

这里的自爱不仅仅是指好好爱自己，要对自己好，还有自重、自强的意思，用那句老话来说：

姑娘，你不坚强，没人替你勇敢啊！

不管遇到什么事，你要知道，不要虐待自己的身体，因为身体发肤受之父母，你这样会让父母多难过；

不管遇到什么事，你要知道，不要觉得天已经塌下来了，这日子没法过了，你这样，只会让自己更加狼狈，让那个抛弃你的男人更加幸灾乐祸。

跟生命相比，失恋真的不算什么。

你花那么多时间折磨自己，还不如好好洗个澡，或者是换个发型，或者是去商场 shopping 一场，或者是谈一场新的恋爱。

是啊，失恋怎么可能不痛苦，失恋怎么可能好受，失恋怎么可能当作什么事都没发生。

但是，姑娘，请记住，一定要自己好好爱自己。

只有好好爱自己，让自己成为更好的人，你才能遇到更好的爱人。若因为一场失恋，让自己从此不再相信爱情，只知道傻傻地在原地等一个不会回来的人，那样的你是糟糕的，是得不到好的爱人的，也不值得更好的爱。

3

那究竟怎样叫作爱自己？

我觉得，首先，爱自己的表现之一是不要太在意别人的感受，多关心关心自己。

一个姑娘，是要善解人意的，但是请别太忽略自己。

比如，你明明不喜欢这件事，也不喜欢他这样做，你要勇敢地说不，说拒绝；

比如，你觉得这件事侵害到了你的利益，不要为了讨好别人放低自己的身段，要知道，你委屈了自己，没人会心疼你；

比如，你觉得你爱他，处处谦让他，处处为他着想，却没得到同样的理解与对待，宁可自己偷偷掉眼泪，姑娘，别傻了。

其次，我觉得爱自己的表现之一是要好好打理好自己，过自己想要的生活。

有些姑娘会因为失恋一蹶不振，嘴里说着再也不相信爱情，然后也打不起精神过日子，每天混混沌沌，不知道自己该做些什么。

也有些姑娘，会遇到一些小的挫折，就唉声叹气，觉得自己什么也做不好。

容易被这些打倒的姑娘永远也活不成自己想要的样子，因为她们根本不知道如何好好打理自己，也永远过不上自己想要的生活。

如果你甘愿如此，那我也无话可说。

就像小倩那样，如果失恋让她变得如此，变得如此邋遢，变得如此堕落，如果她永远只为了这一场失去的爱情自怨自艾，那么她是不会过得像现在这样幸福的。

小倩是在一周后开始好好吃饭的。她不声不响地把自己的屋子收拾好了，然后洗了个澡，去理发店把及腰的长发剪掉，跟她妈妈说，不要担心了，我好了，因为失恋失去了工作的她也开始重投简历找新的工作。

去了一家没有以前公司好的外企做会计，还考了高级会计师。结果另一家公司挖她过去，给了她双倍的工资。半年后，她和之前的高中同学在一起了。

两个人在同一家公司遇到，各自惊喜，高中同学已在公司里做到了主管的位置，陌生的城市同一家公司重遇，无疑是另一种缘分。现在，他们已经准备结婚了，小倩很幸福。

所以啊，没人会爱上不好的你，只有你好好爱自己，对自己好，你才能有好的爱人。

4

先爱自己，再爱别人。

因为，只有具备爱自己的能力，你才具备被人爱的资格。

因为，只有你知道爱自己，你才真正学会了爱这项技能。

因为，只有你让自己过得很好，你才会有更好的爱人。

男人的行动力
比什么都重要

1

欧然跟男友阿平分手后，在一次朋友聚会上我们坐在一起聊天，聊到欧然之前的那段恋情，我表示疑问，问，欧然，怎么会和阿平分手呢？

欧然表情毫无起伏，听到我的问题后，淡淡地说，阿来，你不知道，有个行动力差的男朋友简直太可怕，离开他，是因为我觉得他不值得我去爱了。

行动力？我反问欧然，表示不解。

欧然说，就是光说不做，阿平就是这样的人，一点行动力也没有，所以我对他很失望，也才决定和他分手。

2

欧然是在同学聚会上和阿平重遇的，作为初中的前后排，总有些当年的懵懂心事在那里，而那个时候的欧然是对阿平有好感的，而阿平也喜欢那个坐在他前排文文静静、说起话来很容易脸红的欧然。而当时在学校里，这种感情并没有得到很好的表达，也没有很好的结果，再遇之时，看着彼此，带着当时的惋惜，有些心动。

互留了联系方式，也渐渐联系频繁起来。

欧然和阿平都念大四，同在一座城市，一个在城市的这头，一个在城市的那头，虽说见面不是很方便，但是一周一次的见面也保持了爱情最初的新鲜感，两个人感情发展得很好。毕竟同在一座城市读书，互相本就有过好感。

一开始，欧然是幸福的。

欧然本就是那种文静的性格，很体贴，性子软，而阿平不仅帅气，对欧然也蛮好的，所以相恋之初感情一直都很好。每天必说早安晚安，每天一通电话，断不了的微信联系，少不了的情话，确实，爱情一开始甜的滋味两人都感受到了。

可是让欧然第一次觉得不舒服的是毕业找工作的事情。

彼时欧然已经确定在实习单位正式留下，而阿平却迟迟没有动静。欧然忍不住问阿平到底对自己的未来有什么打算，不打算找工作了吗？

阿平似乎不是很喜欢这个问题，也有意逃避，敷衍着对欧然说，找呀找呀，这不在慢慢找吗。

欧然看到阿平的表情有些不耐烦，也没再提，她想，既然阿平说过了，那一定会有所行动，她应该选择相信阿平的。

3

毕业后，欧然和阿平住到了一起，带着对未来生活的期待和未知，刚下班的欧然对着在沙发上打游戏的阿平说，阿平，你今天去找工作了吗？阿平含糊地回答，去了啊。

欧然拖着疲惫的身体回到家，看到阿平这副样子，突然气不打一处来，她一直觉得阿平只是贪玩些，却没想到阿平贪玩到毕业后一直没找工作，还依旧靠着家里的生活费度日，面对欧然不止一次的询问，阿平显得不置可否。欧然其实并没有要求阿平找一份多么高档的工作，她只是想，虽然阿平家境不差，但是不能依赖父母啊，自己有份工作才更加稳妥，可是每次的询问都换来阿平淡淡的回答。

欧然突然情绪上来了，说，阿平，我们分手吧。

阿平这才把眼光从电脑屏幕移到了欧然身上，赶紧拉着欧然的手问怎么了怎么了。

欧然哭着说，阿平，你答应我去找工作的呀，你怎么不去？你骗我。

阿平一直哄着欧然，欧然还是心软了，靠在阿平的怀里，听着阿平的保证：欧然，我保证找工作，明天肯定去。

渐渐地，欧然发现阿平的行动力不是一点两点的差，做事情也容易拖拖拉拉。

比如，欧然上班前跟阿平说，今天没事的话去交一下电费，结果阿平说有事没去成，一直拖到了不得不去交，否则要停电的时候才去交了电费。

比如，阿平工作的公司其实蛮好的，虽说是阿平三个月后才找到的工作，但是不到一个月就被主管警告，原因是阿平一个月内已经迟到了好几次，想要实习期过了留下已然是不可能的事，欧然看着说自己就是早起不来的阿平沉默无语。

比如，欧然的母亲腿脚不太好，欧然每个月会买些营养品给母亲寄回去，一次上班着急忘记把东西带过去顺路邮寄，就给那天休息的阿平发了消息让他帮一下忙，阿平也回复说好。结果三天后欧然收拾房间时发现补品还在不起眼的角落，问阿平，阿平说，忘记了。就这简单的三个字，让欧然的心彻底跌落谷底。

4

其实，真正让欧然下定决心离开阿平的是一件很小很小的事情，欧然生病，阿平表现出很关心的样子，说晚上出门去给欧然买点小米粥，结果，阿平晚上说外面下雨了就不去了吧。欧然特别平静地跟阿平说分手，这次没管阿平多么哀求多么可怜。

欧然说，离开他的时候，心底一片平静，所以我自己也知道，我已经不爱他了，他根本不是一个好的爱人，最起码，男人的行动力要有，说做就做，而不是什么事情都拖拖拉拉，总得拖到不能再拖的地步再做，这样的爱人我不喜欢。

我听着欧然的话，心下了然。

确实，男人的行动力很重要，因为在恋爱中，他不仅是主心骨，而且以后更是一个家的主心骨。连最基本的行动力也没有，这样的爱人不要也罢。

聚会结束后，我问欧然要不要顺带捎她一程，欧然笑着摇摇头，说有人来接她。

我看着欧然的笑容，有幸福，有开心，就明白了。欧然说，是她的一个追求者，大学里就认识的学长，一听说欧然分手了觉得自己有机会了，对欧然又展开了追求。

我陪欧然在路边等学长，欧然说，阿来，你知道吗，其实我快要答应他了，因为，我发现他跟阿平截然不同，虽然他长得没阿平好看，但是我喜欢这样子的他。

他会在我说想吃什么的时候就去给我买什么；听说我一个人晚上回家，也会说让我在这里等着，他马上来接我；他听说我准备考在职研究生，就说要跟我一起准备，结果第二天就给我买了好多资料跟我一起周末泡图书馆。

我看着欧然的笑脸，跟刚刚冷冰冰说阿平的事的样子截然不同，我想，那个人一定可以给欧然满满的幸福感，毕竟，男人的行动力和幸福感是成正比的。

有个行动力强的爱人，不仅会让你有安全感，也会让你幸福感倍增。

所以啊，男人的行动力比什么都重要。

笑着说再见，
笑着走向前

这个世界最困难的事，怕就是伤心难过的时候愣是扬起一个笑容，说自己还开心。

就情感这件小事来说，很少有人是洒脱着说分开，然后头也不回，眼泪也不流地就离开。对于大多数姑娘来说，结束一段感情，需要很大的勇气和决心，然后说再见，总是带着泪水，带着遗憾，带着伤心，这样的状态还会持续很久。

可是，姑娘，我想对你们说，笑着说再见，笑着走向前。

我认识一个到现在还沉浸在过去的姑娘，我们就叫她P小姐。P，past，过去。

P小姐已经和前任分手三年，却依然对前任念念不忘。尽管前任已经有了新欢，也已经快结婚了，P小姐依然觉得她再也找不到比前任更好的人。

P小姐和前任是因为异地问题分手，前任忍受不了和P小姐总是分居两地，而且谁也不愿意退后一步去往对方所在的城市，于是只能分道扬镳。由于自尊心的问题，P小姐一句挽留的话也没说，在车站眼睁睁看着自己心爱的男人坐上火车离去，P小姐倔强地站在那里，看着他的背影，直到火车开的那一瞬间，她一直忍着的泪水终于掉下来，一个人蹲在那里哭得不能自己。

P小姐躲在房间一个人哭到第三天，我说，既然谁都不愿意退让，分手是必然的结果，那你现在的眼泪又是什么呢？你一句挽留的话也不说，人走了你才哭，这又算什么呢？

P小姐摇摇头，说，你不知道我跟他在一起多开心。

我语噎，只能长叹气，知道再说什么也没用。对于一个始终活在过去记忆的人来说，任何劝说都不能把她拉回现实，可是姑娘，你现在回忆过去的意义在哪里呢？

我们都说，时间是治愈人的良药，不管有多大的痛苦，不管经历过多么铭心刻骨的爱情，总会有时间这么神奇的东西抚平伤口。

可是，好像，这一句话，偏偏对P小姐无用。她终于不把自己关在房间里的时候，我们还以为她好了，却发现没那么简单，她像变了个人。以前的她开朗，爱笑，现在的她眉眼中总是淡淡的忧愁，谈到情感话题总是沉默不语，然后眼眶泛红。

后来也陆陆续续有人介绍其他男生给她认识，她见完，总说，他没他好。我们都知道她这句话什么意思，任何人的开解也无济于事。

前任告知P小姐快要订婚的时候，我们都特别担心P小姐的情绪，果然，她当场哭了，我们都上前安慰，P小姐那个样子确实让我们都很心疼，不过我们想，那个人快结婚了，P小姐应该这次彻底放下了吧，这也可能是一件好事。

却没想到，P小姐依然如故。不仅性情大变，变得易怒敏感，还抗拒恋爱，脸上很少出现笑容，我们对于她的改变毫无办法。

心在死角，无人能解。

直到今天，P小姐依然停留在原地，并没有一个新的开始，我们都很惋惜，我们难以找回过去的P小姐，而P小姐，也难以找回过去的自己了，她沉浸在过去，却丢失了过去的自己。

而另一个姑娘，F姑娘，却拥有比P小姐更加刻骨铭心的爱情，虽也没有好的结局，却现在过得比谁都好。

F姑娘是我们公认的，圈子里过得最潇洒，最好的姑娘，我们无不羡慕她现在的生活状态，根本看不出她曾经有段快结婚却不能结婚、不得不分手的情感经历。

F姑娘和她深爱的男子相恋七年，陪伴走过高中三年，大学四年，风风雨雨却依然牵着彼此的手，却在毕业之后打算结婚时遭到了双方家长的强烈反对。

男方的父母觉得她不够漂亮，家庭也不够好，学历不够高。而F姑娘的父母觉得男生家庭不好，父母离异，所以，双方父母各持己见，也无法改变偏见，坚持要两个人分开。

分开的时候，是个下雨天，我们都以为F姑娘会哭着回来，却没想到F姑娘笑着回来了，我们目瞪口呆，都惊讶地问，你们怎样了？

F姑娘特别云淡风轻地说，分开了啊，父母不同意，只能分开了，怎么，我没哭很不正常吗？你们这群人，是不是就等着看我哭鼻子呢？

我们连忙摇摇头，说，你是不是受刺激过头了？

F姑娘失笑，说，没有啊，我很好。我们彼此很平和，也彼此都觉得再也找不到比对方更适合自己的人，可是现实终究是现实，我们逃不过，只能面对。分开也是为了彼此过得更好，毕竟，我们和各自的家庭都无法割舍。这个道理我们都懂，也都祝愿对方能过得很好。我想，最好的感情是，笑着说再见，笑着走向前。如果总停滞不前，勉强继续在一起，我们受家庭影响也会过得不开心，也许以后会慢慢埋怨对方，还不如就此说再见，笑着走向前，对不对？

我很欣慰，F姑娘能想得如此开。

是啊，最好的感情是，笑着说再见，笑着走向前。

F姑娘结束上一段感情后，每天依然过得乐呵呵的，我有一次问她，你不难过吗？

F姑娘笑着回答我，难过怎么可能没有，我想把这份难过连着跟他在一起所有的美好和开心都放在心底最珍贵最小心的地方，就是偶尔拿出来想一想，会觉得幸福开心，会觉得惋惜，但是更希望他过得好过得幸福，也正是这种力量，支撑着我也想幸福下去。我想幸福的意义，不在于他是否一定跟我携手到老，而是，我和他各自安好，各自幸福。

F姑娘去了一直心仪神往的厦门找到了自己喜欢的工作，朋友圈里经常可以见到她在鼓浪屿的照片，偶尔回来大家小聚，都会给我们带纪念品，讲厦门那里的风景和遇到的人，眉眼中满是激动和兴奋，还有对现在生活的满足。

　　我想，一段感情的结束，不管是由于外界因素还是自身原因，其实都是相互的。一段感情如果明知走不到终点，不如笑着说再见，笑着走向前。

　　是的，心很疼，心很痛，很惋惜，很难过，很无奈，很心酸。但是，日子还是要过。姑娘，你知道吗，沉浸于过去的你，不敢开始新生活的你，不会笑着走向前的你，真的特别丑。

　　只是你自己看不到而已，这样的你，简直糟透了。

　　不要自以为你的这段感情多么了不起，多么轰轰烈烈，这世界上，人潮拥挤，那么多场恋爱，那么多对恋人，很少没有不经历过吵架，分手的。就算没有吵架，因为现实分开的，也不只是你一个。再说，现实本来就是爱情本来的面目。它张狂，它恐慌，它张牙舞爪，它没心没肺，它像是沉重的石头，把你们无形的关系和纽带击碎。

　　P小姐如今依旧单身，叫她出来小聚我们却依然小心翼翼，怕说错了话触碰到她的伤心事，伤到她易碎的玻璃心。

　　F姑娘如今新恋人出现，一个厦门的警察，单人的照片变成了双人的合照，眉眼里是释怀的轻松。她说，前任还评论她的朋友圈，只有三个字，祝幸福，她说，当初我也以为跟他分开再也找不到比他更适合我的人，可是现在，我发现当时的自己太过绝对，其实，幸福很容易，不容易的是重新敞开心扉。现在的我，庆幸当时自己没有太过执着，笑着说再见，笑着走向前果然是对的。

所以，姑娘，别总是沉湎于过去的那段情感，那段记忆，比回忆更重要的是笑着说再见，笑着走向前。

所以，姑娘，做一个拿得起放得下的女子。因为，如果是真爱，是不会分开的。

我们本是那么阳光明媚的女子，是该永远阳光明媚的。

如果，明知道感情走不到最后，请记得，笑着说再见，笑着走向前。

最美好的爱情，是让彼此成为更好的人

爱情是种力量，能让人坚持并且相信很多东西，也能给予人不一样的生活品质。

yuan ni dui

zhe ge shi jie

shen qing

ru chu

bu bei gu fu

亲爱的姑娘，
对自己说，放下！

1

放下到底有多难？很多人问过我这个问题。

奈何，我给不了肯定的答案，其实放下真的很难，但同时也很简单，有的时候真的就一瞬间的事情。

为什么会放不下？

第一，你不甘心。你不甘心被抛弃，不甘心就这样放弃一段感情，不甘心明明你付出的多却得到回报这么少，甚至没有回报。对于求而不得的感情，你不甘心的是为什么他就是不喜欢你；对于无疾而终的感情，你不甘心的是为什么没有一个好的结局。

第二，你太偏执。你偏执地觉得自己还有希望，你偏执地觉得两个人还有重新在一起的机会，你偏执地觉得他肯定还会回来找你。你忽略了一点，为爱执着是好事，可是，太过偏执是件坏事。

第三，你太沉湎于过去的回忆。你总是在想两个人在一起时有多么幸福，不敢相信怎么会变成现在这样。其实，爱情本来就有快乐也有悲伤，上天让两个快乐过的人最终分开，不是你不好，而是你和他不适合。

<h2 align="center">2</h2>

放下到底有多难，其实很简单，只是一瞬间的事情。

何芮一哭二闹没用，三上吊被救下来的时候，我坐在旁边，其他朋友也在劝，何芮，能不能不要那么死心眼了，他都不要你了，你这样何必呢？

虽然我在旁边听着这些劝慰觉得很无用，但是往往，这个时候，我们也只能说出这样的话来安慰别人。朋友还在说，这个男人都已经有了新欢，你纠结什么呢？放下这样一个渣男不好吗？

何芮哭得更大声。

何芮和男友相恋五年了，因为异地，男友有了新欢，跟何芮说分手。何芮一心想着今年过年和男友商量婚事准备结婚了，却在年前回家被男友告知分手，当然悲痛欲绝，哭闹没有用后，竟然一心求死。我能体谅她被人甩了的心情，但是不能原谅她竟然求死的行为。

众朋友都说完了，何芮还在哭，我终于忍不住了，走到何芮面前说，你清醒点吧，你看看，你都快死了，那个男人来看过你一眼吗？你别无他选，只有放下！

语气有些冲，不像其他朋友那样温言软语地劝慰。

何芮带着眼泪，愣着看了我一眼后，竟然说，你没失恋你当然说得轻松，放下有多难你知不知道！你不知道以前我跟他在一起多幸福多开心！

听到何芮这么说，我知道我再说什么也没用了，她要是死脑筋谁也劝不动，只有等她自己明白过来。

3

和何芮再见面是三天后的事情，何芮明显气色好了很多，看到我的第一句话就是，阿来，你骂得对，我是该清醒点。

我欣慰地点点头，说，这么快就放下了？我以为你要过很久才放得下。

何芮一开始有些沉默，后来眼圈红了，我以为她又在为逝去的感情感到悲伤，其实不然。

她说，你说得对，我都快死了，他也没来看过我一眼。我的父母惊慌失措赶到我面前来时，母亲拉着我的手跟我一遍遍说我怎么这么傻，让我不要做傻事，父亲气急败坏说要去找他算账，可是你知道吗？大冷天的，他们因为担心我，只穿了单薄的衣服。我没想到我竟然让我的父母这样担心我，我没想到我为了一个不爱我的人让我年迈的父母为我这么操心，实在是不该。他已回不来，我应该向前看。不能忽视真正爱我的人。也就那么一瞬间，也就那么放下了。之前的要死要活现在想想都觉得可笑。

是啊，何芮一开始只是众多放不下的人中的一个而已，她放不下心中的执念，放不下那段她珍爱的感情，甚至不惜伤害自己。

还好，何芮明白得早，她放下了执念，放下了偏执，放下了不甘心，放下了那些记忆里的曾经。

4

并不是每个人都会像何芮一样这么快说出放下两个字，其实就算放不下，时间也总会治愈一切。

不要把放下想得有多难，你把它定义成一件很困难的事，那它就很难。你把它定义成简单的事，它也很简单。真的就一瞬间，也许是你看他精心呵护另一个人时的那一瞬间，也许是他对你冷漠的那一瞬间，也许是另一个人打开你心扉的那一瞬间，也许是不想让爱你的人、担心你的人再为你担心的那一瞬间。

放下的过程可能是漫长的。

你可以多做点事情充实自己，做自己喜欢做却一直没去做的事情；可以回家窝在父母的庇护下，静静地享受亲情带给你的感动和不一样的情感；你可以去找朋友诉说，诉说你心里的苦闷和烦恼。不管做什么，只要最后能放得下，你就会成为新的自己。

5

放下到底有多难？这个问题我问过我自己。

和前男友分手后，我以泪洗面了三天。那三天是我的敏感期，看到关于感情的文章会掉眼泪，看到关于感情的剧情会流泪，看到关于感情的小说会流泪。但是有一点，我不会虐待我自己，我照样吃照样喝，那段时间甚至还胖了几斤。

后来，我想通了，其实，一段感情为什么会破碎，说到底，双方都有原因。不怪谁，不怨谁，我自己心里也知道终归我跟他是不合适的。

也有人说，我没心没肺，拿不合适当借口就说自己放下了，其实是不够爱他。爱不爱他我自己心里知道，放不放下也只有我自己知道。难道失恋了，我就应该寻死觅活，不吃不喝，我觉得，这是对自己的不负责任，更是对之前感情的不负责任。一段感情，本来就是要让双方变得更好，更坚强的。不是我放得下，而是我愿意去放下。

是的，就是这样，一段感情的投入和结束是人生经历，不合适就是不合适，再怎么想也不会回到以前，破镜重圆后镜子上也是有裂痕的，既然这样，何不放下？

6

回家的车上，微信上收到何芮的结婚请柬。婚礼在大年初四。婚纱照上的何芮精神饱满，面露红光，旁边的丈夫亲密地搂着何芮的肩膀，何芮的脸上一点也看不出来当时为了那个男人寻死觅活的影子，满满的都是幸福。

我给何芮回微信：何小姐，彻底放下了？

何芮回我：新的一年何不给自己一个新的开始，愿，共幸福。

7

是的，放下那些无望的感情，给自己一个全新的开始。

别忘记，对自己说一声，放下才快乐。

愿，共幸福。

感情的深浅
与时间的长短无关

1

刚谈恋爱不久的表妹问我，姐，恋爱谈多久比较好呢？是不是恋爱谈得越久越好？

我思索了一下，说，不是，我觉得，感情的深浅与时间的长短无关，并不是恋爱谈得越久越好。

彼时的我刚刚收到桑桑的结婚请柬，桑桑将在下周末举办婚礼，而新郎并不是那个与桑桑爱情长跑七年的男人胡森。

所以，对这个问题，桑桑最有发言权了。

桑桑和胡森刚谈恋爱的时候，我们都羡慕不已。胡森是桑桑的学长，不仅长得帅，家境也不错，对桑桑也是很好的。

刚谈恋爱那段时间，用桑桑的话来说，估计就像泡在蜜罐里那样了吧。

胡森追求的桑桑，对桑桑极其的好，桑桑生日的时候他准备了 99 朵玫瑰，真是羡煞我们众人。我也曾一度偷偷地跟桑桑说，桑桑，你这丫的运气真好，胡森对你这么好。

桑桑总是娇羞地笑。

其实桑桑也不差，属于温婉娴静的那种类型，笑起来两个小酒窝忽隐忽现，是男孩子一看上去就有保护欲的那种女生。

相恋的第一个年头，真是如胶似漆。两个人成天一起吃饭，考试之前一起泡图书馆，周末两个人还会去爬山，胡森对桑桑的好我们是看在眼里的。

胡森比桑桑大一届，所以相恋的第三个年头，胡森步入大四在外面租房子实习的时候，桑桑还在读大三。分歧也是从那个时候开始的。

胡森对桑桑也没有之前那么好，两个人的感情不算是变淡，但是用桑桑的话来说，少了很多东西。少了刚谈恋爱时的心动，少了刚谈恋爱时的感觉，少了刚谈恋爱时的甜蜜。

<u>2</u>

相恋的第四个年头，桑桑也毕业了，顺其自然地搬进了胡森租的房子，然后两个人一起早出晚归地工作。

桑桑那段时间总是不开心，和我约出来喝茶的时候，说，阿来，我觉得有好多地方变了。

我说，哪里呢？

桑桑说，一开始谈恋爱我总感觉他是在乎我，呵护我的，可是现在，我却感觉不到。就算我们住在一起，我们也变得不爱说话了。下班以后，他也总是在书房里倒腾自己的电脑程序，我也就在平板上看看电视，交流也没以前多。我很迷惑，为什么反而更亲近以后却没有当初心动的感觉，为什么反而相处时间越长却觉得越不了解对方。

我沉默了一会儿，小心翼翼地说，会不会是因为你们都步入了职场，面临的问题也挺多了，一开始不太适应呢？胡森对你不好吗？

桑桑摇摇头，他对我不是不好，只是……没有以前的热情，没有以前的感觉，就好像突然变得特别平淡了一样，让我很不习惯。

我想了想，说，傻瓜，可是过日子本来就是这样啊，不可能每天都像热恋一样。你也要调节好自己的心态啊。

桑桑若有所思，点点头。

3

后来很久没见桑桑，我自己工作也忙，所以每次想和桑桑约出来时，我们的空闲时间总不能约在一起。

只能偶尔在朋友圈里看到桑桑发的状态，偶尔知道，情人节胡森带她去吃好的了，中秋节的时候桑桑跟着胡森回家见父母了。

年后，终于和桑桑约了一起出来逛街。那个时候，已经是桑桑和胡森相恋的第五个年头了。

寒暄过后，开玩笑问桑桑说，桑桑，是不是打算结婚了呀？

桑桑却反常地长叹了口气，说，别提了，我都不知道这恋爱该怎么谈了。

我大惊，怎么了？

桑桑说：从去年过年开始，每次亲戚朋友问我什么时候和胡森结婚，我都笑着说，快了快了，今年过年，亲戚朋友们也追问我，我也只能尴尬地笑着说，快了快了。可是你知道吗，我偶然间竟然偷听到亲戚说我不清不楚地跟着男的同居不结婚，是不是做了什么不光彩的事，我很苦涩，但是又不知如何反驳。因为现在，我和胡森的相处模式我自己也说不清。

可能就是因为时间太长了，我们之间够了解，所以话越来越少，现在甚至每天只有几句话。我和胡森谈过几回，你知道胡森怎么说吗？

我摇摇头。

桑桑苦涩地笑，说，胡森说，桑桑，我也不知道这是怎么了，但是对你，我也不知道为什么没有热情了。还有，桑桑，我是想和你结婚的，可是每次想到婚后我们要这样生活，我就没有勇气跟你结婚，但是，桑桑，我是爱你的。

我听完看着桑桑的脸，桑桑真的是瘦了很多，看来这段感情是走到尽头了。

我顿了顿，说，桑桑，也许你该重新考虑和胡森的感情了。要知道，一份感情，谈得久是有好处的，可是你们的相处模式实在太怪了。真正的爱情，不会随着岁月的沉淀而越来越淡，而是，即使相处的时间越长，也不会淡忘彼此。

4

桑桑和胡森的恋爱又坚持了两年，桑桑说，舍不得分开，她太想念和胡森在一起的欢乐时光了，虽然那都是从前的事。

第七个年头，他们还是分开了，是胡森提出来的，胡森说，桑桑，我觉得我实在支撑不下去了。桑桑却很平静，没有大吵大闹，没有大哭上吊，就是这么很平静地离开了。

桑桑跟我说，原来没感觉了是这么平静。

桑桑也没有感情空窗多久，因为跟胡森耗了七年，她也算是大龄剩女一类的了，家里人很快给她安排了很多场相亲。

罗浩便是在这个时候出现的，是桑桑的第五任相亲对象，长得倒是其貌不扬，但是举止进退有度，温和有礼，桑桑想，就他吧，挺适合结婚过日子的。

他们刚开始恋爱的时候没有什么浓情蜜意，也没有什么你侬我侬，但是桑桑幸福感特别强烈，因为罗浩好像天生与她心意相通，吃饭的时候罗浩会在适当的时候递上一张面纸，罗浩有些小动作桑桑看在眼里也都会知道罗浩在想什么，有的时候两人一个眼神交汇就明白对方在想什么，这就是情侣间的默契。

<u>5</u>

　　桑桑和罗浩结婚的时候，我在婚礼上看到了胡森，我和他简单地点点头，没有多言，而他看向桑桑的眼神也是满满的祝福，并没有留恋与不舍。一段七年的恋爱，到最后，却没有一点留恋，只能说明，这段恋爱的保质期不够长，也代表，他们并不是那个彼此都能互相保鲜的人。

　　桑桑对我说，阿来，你说得对，感情的深浅与时间的长短无关。有的人处着处着就失去了原来的感觉和原来的味道，而有的人，却会让你不由自主地感到有说不完的话和聊不完的话题。

　　并不是恋爱越久越好，而是保鲜期越久越好。恋爱谈着谈着就不由自主想结婚的，想一辈子在一起的那肯定是对的人，恋爱谈着谈着没有想结婚的欲望，也没有之前的感觉的那只能是在浪费彼此的时间。

　　所以，恋爱并不是谈得越久越好，因为，感情的深浅与时间的长短无关。

为什么
相亲的人越来越多

　　微信上收到很久不联系的大学同学发来的电子请柬，我仔细想了想，好像是有一段时间没联系了，上次见面还是一年前，她失恋，我们几个同学找了个烧烤摊陪她喝了几杯。当时的她痛苦不已，一直在谴责那个劈腿的花心前男友，言语里都是对爱情的失望和对婚姻的不屑，没想到，仅仅一年，便也走入了婚姻围城，对那段痛苦的爱情彻底说了再见。

　　我先说了恭喜，然后询问，怎么突然结婚啦，老公怎么认识的呀，带了个坏笑的表情。

　　她也是很坦然，当即给我来了电话，说，相亲认识的呀。

　　其实她不说我心里也猜到个七八分，好像现在这个社会，自由恋爱已经变得越来越少，相亲认识并且结婚的人越来越多，这已经成为一种社会现象和趋势。

　　那到底，为什么相亲的人越来越多呢？

　　第一种原因：被爱情挫伤过太多次，累了，就相亲呗。

　　这是上面的大学同学给我的回答。我问她，怎么突然去相亲了。她如此回答我。我想，大概真的是在爱情里累了，要不然，她不会说出这样的话的。

上大学的时候，她是一个对感情很认真、很持久、很有耐心，也很看重爱情的姑娘。大一的时候，她喜欢上一个学长，放下自尊，放下架子，苦追许久，结果，人家牵着另一个姑娘的手跟她一起吃了顿饭。这就是赤裸裸地拒绝和深深的讽刺啊！

她为了这个学长哭了一个小时，然后重新振作，发誓说，再也不主动追男生了。于是，感情空窗期的她接受了苦追她许久的同班同学，在一起后，却也总觉得没感觉，然后不久后提出分手。

第二任男朋友，就是上文提到的花心前男友。两个人算是情投意合，一见钟情，前男友是隔壁学校的学长，在一次足球比赛中，两个人认识，并且印象都不错，后来就在一起了。但是在一起两个月后，她发现手机里他和其他女人的暧昧短信，于是，她的内心大写的崩溃，实在难以接受。去找人家小三理论，还被小三和自己的前男友秀恩爱秀得一脸血，本来理直气壮去理论的姑娘，回来后就变得像苦情剧的女主角。睡了三天三夜，和我们去烧烤摊喝了几杯，痛哭了一晚上就扬言对爱情再没什么期待了。

虽说恋爱次数不是很多，但就是觉得，爱情，没有想象中那么简单，哪怕被爱伤过一次，也再没有勇气去自己寻爱了。所以宁愿相亲，选择了相亲，也是选择了另一种将就。被爱伤过的人，总觉得自己心里的伤口在那里愈合不了，也懒得再自己寻爱。相亲，就是个很好的方法。就像我大学同学说的那样，谈恋爱太累了，可是又不能不结婚，只好相亲呗，或许，这也是个不错的脱单办法。

第二种原因：门不当户不对，父母太挑剔，自己不够坚定，那就相亲呗。

我见过身边太多的情侣，因为门不当户不对，父母挑剔而反对交往，无奈之下，刚好也没有足够坚定的勇气和情感支撑，只好服从父母的安排去相亲。

我问过因为女友家在乡村，经济情况不好，被父母逼迫分手的堂哥，为什么不争取一下呢？

犹记得当时堂哥非常无奈的神情，他说，争取哪是说说这么简单，父母不同意，你以为恋爱就幸福吗？我们可以不在乎任何一个人的看法，就是不能够不在乎父母的看法。不被父母祝福的婚姻，你觉得幸福吗？

他的反问句把我问得哑口无言，是啊，被父母反对的恋爱和婚姻都不可能幸福的。我们可以忽略任何一个人的看法，唯独不能忽略和不在乎父母的意见。

这样的无奈，世界上太多的情侣经历过了，有的足够坚定支撑下来，步入了婚姻的殿堂，木已成舟，父母只能祝福；而有的，因为不够坚定，父母也很坚决，没办法，只能选择分手。

门不当户不对，父母太挑剔，自己不够坚定，那就只能相亲呗。

至少，相亲认识的对象，门当户对，父母很满意，条件也不会差，长的不会太过分，首先看一下合不合眼缘，然后，交谈，了解，相知，最终相守。

第三种原因：到了结婚的年纪，却一直找不到适合的，就相亲呗。

这应该是大多数人的现状，当然也包括我自己。我们既没有被爱伤得那么体无完肤，也没有过门不当户不对、被父母反对的对象，只是愁苦于一直没遇到合适的人。

而最直接的原因应该是，已经到了该结婚的年纪，却没有能结婚的对象。

所以，就去相亲啊。相亲并没有什么不好，因为多认识一个人也就多一个朋友啊。去见一见自己身上也不会少块肉，去见一见也许就遇到了自己合适的人呢。抱着试一试的态度，遇见一个可能会成为朋友也可能会成为恋人的人，多好呀。

而且，随着年纪的增长，不仅父母长辈们着急，你自己也一定多少有些着急，所以，当碰到有朋友介绍的相亲或者父母安排的相亲，自然也不会拒绝。

因为，相亲本身并没有不好的地方啊，相反，相亲也真的可以给我们找到合适的人机会。通过相亲可以接触更多的人，从而知道自己最希望的伴侣是什么样子。

所以，为什么相亲的人越来越多。无非就是因为被爱挫伤过，对爱失望，无非就是因为门不当户不对，自己谈的恋爱被父母反对，无非就是因为到了年纪，却没有合适的对象。

所以，越来越多的人选择相亲。

那到底该不该相亲。我觉得这本来就不能说该不该，而是看你自己愿不愿意，看你自己对于相亲这件事的态度。

没有什么该不该去相亲，相亲这件事本来就不是什么令人害怕唯恐避之不及的事情，相反，我倒是觉得相亲还是一件很好的事情。

不对胃口，不合眼缘那就说拜拜，不再联系；要是有点意思可以试着交往交往，也许，这就是你理想中的婚姻配偶呢？

所以啊，用一位职业相亲者的话来做结尾：

"我们走在相亲的大道上，要意气风发，斗志昂扬。"

对待前任的
正确态度

和朋友闲谈，聊起关于前任的问题。聊起我的前任，我吐了一大波苦水：

他在朋友面前从不承认我和他的关系，他还老接其他姑娘的电话，一接能和别人聊一个小时。还有，我跟他在异地，他从来不来看我，都是我自己坐车去看他，谈了大半年的恋爱，我也不是要什么礼物，可是真的，他还真的一件礼物也没送我。他还老在我面前宣泄负面情绪，理想很远大，却总不去做，二十五六岁的人还不知道以后要干吗，也没一份正经工作，等等。

我叽里呱啦说了一大堆，朋友看着我目瞪口呆，过了好一会儿才缓过神来。

朋友说，关于前任，网上有几句很热的话，比如，分开后，我断不会说你不好。我以为你也是那种分开后不会说前任不好的人。

我喝了口茶，很不理解地说，为什么，我不能说他不好？因为他不好，我才跟他分手啊。我不是什么圣母之类的姑娘，也没有那么心胸宽大，我可以不诋毁他，不在背后说他的坏话，不把他跟我说的秘密告诉别人，但是凭什么我不能说他不好？两个人相处，到最后，分道扬镳，一定是有什么有分歧才分开的。可能是意见上的分歧，可能是性格上的分歧，可能是关乎爱情的理解有分歧，但是就是有分歧才会分开。我作为一个姑娘，为什么选择和他分手，我不否认自己在与人相处中也有问题，但是我很实在，我就是觉得他对我不好，所以才分手。既然如此，那为什么我要委屈自己，在别人面前装大度，不说他的不好。我不诋毁他，但我会说他不好。

什么分手后，我断不会说你不好，对不起，我没那么大度，也没那么圣母，你就是对我不好，我才分手，有错吗？

确实，我一点也不赞同什么分开后，我断不会说你不好这种说法，如果相处的过程中另一方对你确实不好，你忍着干吗，抱怨几句难道不是应该的吗？

跟他分开后，我们偶尔也会有联系，我是那种狠不下心的人，心里确实对他也有些眷恋，可是当我在这种不清不楚的关系里渐渐失去自我的时候，我知道，我必须给自己断了这个念想，于是，我慢慢不联系了。也跟他说，要好好努力，不要光说不做。然后，再无留恋。

刚分开的日子，我很难过。那段时间，给很多公众号投稿也不被采用，甚至有些不了解我和他之间的事的朋友说我跟他分手其实是嫌弃他。我抱着很委屈同时也是反思自己的心态写出了《找个相对静止的爱人很重要》，表达出了我跟他分手不是因为我嫌弃他，而是我跟他走的路不一样，并且跟他相处，我真的一点也不开心，感受不到恋爱的喜悦，还成天以泪洗面。

所以，我才跟他分开。

2

偶尔和朋友的同事一起吃饭。朋友的同事里有个新来的看上去还挺年轻的小伙子，席间有人问他，怎么和那个漂亮的小姑娘分手了？

我看着那个小伙子，说实话，真的一点好感也没有，言行举止都是痞气，说话油腔滑调，朋友跟我说，他之前有个很漂亮的女朋友，在我们市挺有名气的一所大学念大三，不过刚分手。

小伙子回答，那个姑娘漂亮是漂亮，但是你们不知道，她的父母是离异的，所以我爸妈不同意我跟她交往。而且，她的妈妈还有病，好像是精神病，最重要的是，你们不知道，那个姑娘已经不是处女了……

朋友偷偷地跟我说，那个姑娘长得漂亮，对那个小伙子很好。下课了都在公司楼下等着小伙子下班，会给小伙子买早饭的时候给同事们都带上一份，还经常帮小伙子买衣服，小伙子租的房子也是那个姑娘去帮他打扫。

这下我忍不下去了，我说，小伙子，人家对你不好你可以说，但是你不能诋毁人家啊，你这就是不道德了，有你这么分手后把前任的隐私拿出来跟别人讲的吗？再说，人家怎么对你你心里清楚，也不看看自己是什么货色，怎么连最基本的道德水准都没有。

小伙子的脸色很尴尬，刚好我也吃得差不多了，跟朋友还有朋友的其他同事打了声招呼就走了，一眼也没看那个小伙子。

分手后诋毁前任一向是我很反感的行为，更有甚者像上文的小伙子一样把前任的隐私拿出来说事，这就是典型的无道德无水准无内涵的人。

别人可能家庭环境不好，可能长得不好看，可能有些你不能接受的怪癖毛病，但是这都不是你诋毁前任的借口，你可以说他对你不好，但是你断断不能诋毁他。

3

这就是我觉得正确对待前任的态度：他确实对你不好，你没必要委屈自己说他好，但是你不可以诋毁他。

我有个闺蜜，谈过很多场恋爱，刚分手的一个男生，其实她很喜欢，但是那个男的劈腿了，爱上了一个比闺蜜更年轻更漂亮的姑娘。

闺蜜哭得眼睛都红了，一直在骂那个男的各种难听的话。但是当她阿姨想方设法想要从闺蜜口中问出那个男的公司的竞标价格时，闺蜜却很理智而且坚决地说，她不知道。

因为她阿姨的公司要和前任的公司竞标一项工程。她阿姨骂闺蜜死脑筋，还说这点忙也不帮亲人。

我偷偷地问闺蜜，你真的不知道吗？

闺蜜点点头，我真的不知道，但是，我就算知道，我也不会告诉她的。虽然那个男人抛弃了我，但是这跟他的工作是两码事，我可以说他不好，但是我不能把一些他告诉过我的秘密告诉别人，这是对他的尊重，也是对我们俩曾经的感情的尊重。

我很惊叹于闺蜜的理智。确实如此，分开后，保护好彼此的隐私和秘密，是对彼此最好的尊重，也是对彼此曾经的感情最好的尊重。

4

我想，对于前任的正确态度应该是，我们当然可以说他不好，但是，请别诋毁，也别肆意透露别人的隐私和秘密。

好姑娘，
必冷暖自知

在茉莉小姐第 8 次拨电话给一周前跟她提分手的前任的时候，我终于看不下去了，我说，你就消停会吧，你看不出来他现在根本不想跟你在一起了吗？这你都感觉不到，他已经不爱你了啊。

茉莉小姐挫败地放下手机，说，我就是想听他亲口跟我说啊，我想听他说他不爱我了。

我差点没晕厥，都跟你提分手了，怎么可能还爱你？为什么你还要苦苦挣扎要别人亲口说不爱你？姑娘，你得冷暖自知，自己要知道别人对你是冷淡的还是热情的，知道这份感情究竟是还有温度还是已经冷冰冰的？如果爱还有温度，他怎么会离开你？

我不只见过一个像茉莉小姐一样冷暖不自知的傻姑娘。

有的姑娘遇到了喜欢的人，苦追许久得不到回应还痛诉道，为什么我这么努力还得不到他的欢心？傻姑娘啊，你追他的过程中，得不到任何的回应，你怎么可能不知道他不爱你？你自己选择盲目地继续追求，那就不要抱怨。

有的姑娘沉浸在一段情感中不能自拔，不想轻易承认这段感情其实已经走到了尽头，所以苦苦挣扎，但是，姑娘，其实已经都变了不是吗？你要知冷暖，知道爱与不爱，不爱还不如趁早放手，早早离开。

我觉得，好姑娘，必要冷暖自知，尤其是在感情生活中，最起码，你得认清现实啊，最起码，你得知道，有些人变了心，那就是彻底变了啊。

我很不喜欢我办公室里的一个姑娘，阿冰。阿冰是一个跟我一样快要毕业的实习生，跟我一起进办公室的时候，我对她印象还好，但是当她追求办公室里的一个男同事的时候，我就不太喜欢她。

为什么呢？因为那个男同事本来已经有了女朋友，整个办公室都知道，当然包括阿冰，但是阿冰依旧在追求他。而那个男同事也很直截了当地拒绝了阿冰，说，阿冰，不好意思，我有女朋友了。

可是啊，阿冰一直对他表示好感。什么吃的、用的送了一大堆，那个男同事一次都没有收，但是阿冰一直不放弃。

说实话，一个姑娘有这样的勇气和胆色是值得称赞的，可是姑娘，你不能盲目追求啊，人家已经说了有女朋友，也跟你说了不好意思这四个字，说明人家已经很明确拒绝你了，你这样的举动颇有些死缠烂打的意味。

我劝说阿冰放弃的时候，阿冰一脸坚持地说，为什么我要放弃，我就是喜欢他啊，我就是要追到他，他又不是结婚了，就说明我还有机会。

我的天，我简直快被她的理论搞疯了。之前吧，阿冰一开始被拒绝我们还有些同情可怜她，可是慢慢地，我们比较同情的是那位男同事，真的，很难见到他气急败坏的样子。因为阿冰是同事，又不能搞得太僵，一个大男人对女人发脾气也会显得很没风度，所以那位男同事天天上班板着脸，面对阿冰的各种示好，一边拒绝，一边躲闪不及。偶尔，自己的女朋友过来等他下班，看到阿冰追着他跑，女朋友还要跟他闹个脾气。

我实在是搞不懂阿冰怎么想的，姑娘啊，你得冷暖自知啊，人家对你冷冰冰你自己看不出来吗？先别说人家已经有了女朋友，人家就算没有，拒绝了你的求爱，你也应该姿态放高点离开啊，何必死缠烂打，他对你冷淡你自己感觉不出来吗？死缠烂打的样子真的让人很讨厌。

我不是说鄙视阿冰的做法，而是想告诉阿冰，冷暖自知，如果他对你冷淡，为什么不趁早放手？

收到男同事准备离职的消息的时候，我先是一惊，然后是体谅。说实话，我真的很理解那位男同事的心理，成天上班没有一个安静的空间，阿冰的行为在某种程度上也算是一种"骚扰"，还要照顾女朋友的情绪，真的是很累，离职，是一个不得不做的决定。

阿冰显然是在震惊中，看着空荡荡的位置，突然站在那里就哭了，我们大家没办法，又上来好言相劝，说，看开点。

阿冰情绪稳定点坐下的时候，拉着我的手问，阿来，我真的很烦吗？我真的已经让他厌烦到要离职的地步吗？

我叹了口气，你自己想想，你喜欢他，嗯，这是没有错的。但是你看看，自从你表白后，人家就已经很明显地拒你于千里之外，走路都避着你，看着你的眼神除了害怕就是厌恶，你依旧我行我素，这样的爱给谁，谁都觉得是种负担。姑娘，喜欢一个人是没有错，但是你得冷暖自知。他对你冷淡，你就到此为止，他要是对你有好感，你肯定自己也感觉得到。说到底，自己心里要有个数，知道别人是怎样看你，别人对你什么感觉。这就是所谓的冷暖自知，懂了吗？

我不知道阿冰到底有没有懂我说的意思，爱情里，你喜欢一个人是没有错的，勇敢追求自己的爱也是没有错的，但是，他对你好不好，你自己肯定知道。

我不反对女孩去追求自己喜欢的人，但是你得冷暖自知，那个人对你冷淡的话没必要死缠烂打，丢失自己的自尊和仪态。

我的堂哥跟我讲，同班同学露露突然对他冷淡了许多的时候，我一脸理所当然。露露是他大学同学，对堂哥很有好感，经常约堂哥出去吃饭、唱歌，局外人都看出来露露对堂哥有意思。堂哥这个人显然是情商不高，在别人的提点下才知道露露的心思，其实他自己也是对露露有好感的，知道露露这是在追他后，反而显得有些不好意思，不知道该怎么办，刚好那几天家里有事，就拒绝了露露的邀请。

从家里回校后，发现露露对他不热情了，反而有些生分，心里反而不自在了，这不，跑过来问我。

我说，你还不如自己去问问露露。

堂哥扭扭捏捏，我这就看不下去了。我说，你吧，情商低不怪你，人家姑娘主动约你了那么久，你没啥表示，话也不会说，拒绝了人家姑娘后来的邀约，换作我是那个姑娘，我也觉得你不喜欢我，既然你不喜欢我，我何必再约你，何必再来讨好你呢？你要是真对人家也有感觉，别畏首畏尾，放开了去跟人家谈谈吧。我倒是觉得，露露是个好姑娘，是个有骨气的姑娘。

后来，还好堂哥是个真男人，去找了露露姑娘谈了下，结果人家姑娘果然跟我想的一样，看堂哥的行为，也不知道堂哥是家里真有事，确实没时间应她的邀约，所以觉得堂哥不喜欢她，所以也不想再纠缠了，打算就这样了。堂哥解释完，嗯，现在两个人已经开始谈起小恋爱了。每次回家看到堂哥秀恩爱的样子，我真是哭笑不得。

你看，好姑娘，必冷暖自知。知道别人到底喜不喜欢她，不喜欢不如远离。

要做个冷暖自知的姑娘，你才不会受那么多爱情的伤；要做个冷暖自知的姑娘，不懦弱，有骨气，高姿态；要做个冷暖自知的姑娘，因为，懂得冷暖自知的姑娘才是好姑娘呀。

最美好的爱情，
是让彼此成为更好的人

到底什么是最美好的爱情？

我想了想，大概，最美好的爱情，一定是让彼此成为更好的人。因为爱情本身就有一种力量，能让人变得更好，变得更加完美。

盼盼和大志年底结婚，现在刚拍完婚纱照，看到朋友圈盼盼晒的婚纱照，我们几个闺蜜都感慨，盼盼自从跟大志在一起后整个人就好像变得特别不一样，性格变得开朗起来，说话变得幽默风趣，跟以前的盼盼真的一点也不像。

盼盼遇到大志前，少言，不擅长与人交流，虽然我们都觉得盼盼人很好，但是因为盼盼很少说话，我们大多跟她都不太亲近。

大志是在盼盼参加了公司年会表演后开始追盼盼的。大志是隔壁部门的主管，不太熟，见到也是点头之交，我们私下里还说，隔壁那位主管长得不错，听说人特别的开朗幽默。

盼盼因为从小学习小提琴，年会上每个人都要表演节目，盼盼就拉了一段小提琴，大志就是从那个时候开始追盼盼的。第一次，大志下班在门口等盼盼的时候，盼盼一脸惊讶，什么话也没说，就走过大志身旁，并没有理睬大志，我们办公室的人都有些尴尬，盼盼一向如此，我们倒是见怪不怪，可怜了大志。

话说大志追盼盼真的是费尽周折，不过好在，还是打动了慢热少言的盼盼。后来盼盼是这么说的，可能就是因为大志热情、开朗，是那种盼盼本身就特别向往的样子，所以，自然地，就会被大志吸引。

大志搂着有些羞赧的盼盼请我们吃饭的时候，我们都一直在打趣盼盼，大志特别维护地说，有什么问题朝我来，别为难盼盼。

在我们一阵唏嘘声中，盼盼突然说，打趣我也可以呀，有什么不可以的，然后还调皮地眨了眨眼。

我们看着脸色发红，眼角有些调皮的盼盼，突然觉得，谈了恋爱的盼盼好像变漂亮了。

后来慢慢地，发现盼盼每天都在一点点改变。盼盼说，大志觉得她不戴眼镜会好看一点，于是盼盼把一直带着的黑框眼镜拿了下来，整个人光彩照人了好多；大志推荐盼盼换个发型，盼盼把多年的长发剪成了中长发，没有之前的冗长复杂，盼盼变得简单干练了好多；休年假的时候，大志带盼盼去了盼盼一直想去却没去的西藏，从西藏回来，盼盼拉着我们兴致勃勃地讲路上的所见所闻的时候，我想，盼盼跟大志在一起，变得不一样了。

可是，听到盼盼要辞职，大志要调岗的消息的时候，我还是特别吃惊和讶异的。大志已经在隔壁部门做到主管的位置，一般是不会主动申请调岗，因为一旦申请调岗，是需要再从基层做起，而盼盼，突然要辞职离开公司的消息，让大家都觉得特别突然。

问盼盼原因的时候，盼盼笑着说，其实我并不太喜欢这份工作，以前觉得能将就将就吧，换份工作也是上下班，其实都一样。是大志改变了我的想法，他知道了我想再拉小提琴后，特别地支持我，他建议我可以自己开个小提琴辅导班，这样我可以做自己喜欢的事，也可以赚钱，跟小朋友们相处也会特别地轻松。

我觉得这个建议很好，所以我就想试一试。因为大志的话让我觉得，做自己喜欢的工作和不喜欢的工作差别还是很大的，我从小就喜欢小提琴，但是一直觉得拉小提琴不能养活自己所以才找了这份工作，可是我并不开心呀，有什么比做自己喜欢的工作更重要的呢。至于大志，他也一样，之所以调岗是因为想换个工作环境，多学习一点东西，他的部门你们也知道的，都是幕后，他想尝试走到办公室门外多和顾客接触，他也觉得那是不一样的挑战。升职，在哪里都可以啊。对不对？

盼盼说了这么一大堆，我不知道别人怎么想的，但是我是支持盼盼的想法的。两个人在一起，互相改变，互相支持，鼓励对方去做自己想做的事，支持对方坚持心中的梦想，简直太完美了。我想，大志带给盼盼的正能量和鼓励，大概就是盼盼一直需要的，刚好在正确的时光遇上了对的人。没有早和晚，只有刚刚好。

最美好的爱情不就是如此吗？不就是让彼此成为更好的人吗。

盼盼辞职，大志调岗后，我还见过他们一面，是在逛商场的时候无意中碰到的。盼盼挽着大志的手，大志另一只手提着盼盼的小提琴，盼盼告诉我，她的小提琴辅导班已经步入正轨，她现在每天都特别开心。其实她不说我也知道，因为，一个人过得好不好，开不开心你只要看她的神采就知道了。

而大志，也有些不一样了，晒黑了，但是依然很阳光，变得更加健谈、幽默，逗得我和盼盼不时地笑。

看着盼盼和大志离开的背影，我对身边的朋友说，你看，他们俩真幸福真让人羡慕。

朋友沉默了一会儿说，大概，这就是爱情的力量吧。

我想，是的。爱情是一种可以让人变得美好的力量，你遇到了爱，遇到了好的爱人，拥有一段美好的爱情，然后互相才会变得更好更优秀。

过得好与不好，不是在于两个人赚得多还是少，而是在于两个人在一起收获的是多还是少，得到的喜悦是多还是少，两个人在一起成长的多还是少。

恋人最好的状态不是你在闹，他在笑，而是你在变好，而他，也变得更加好。爱情是种力量，能让人坚持并且相信很多东西，也能给予人不一样的生活品质。

别人都说，最美好的爱情是在对的时光遇到对的人。

我觉得，能和让彼此变得更好的人在一起才是对的时光，而最美好的爱情就是，在对的时光里让彼此成为更好的人。

爱不只靠嘴上说说，
还要去做

1

橘子小姐跟阿程说分手的那个夜晚，橘子小姐表现出了出乎我意料的决绝，阿程一直在给她打电话，橘子小姐漠然地看着不停振动的手机，后来索性拉黑了阿程。

我在一边支持橘子的决定，一边打趣地问橘子小姐，怎么，这次彻底狠下心了？

橘子小姐毫不在乎地一笑，说，当然了！可能每个人爱人的方式不一样，但至少，有一样是最重要的。那就是，爱，不只靠嘴上说说，要去做。一个男人，只会花言巧语，轻轻松松许下一堆诺言不实现也就算了，毕竟诺言本来就只是听听就好，能做到的人本来就不多，但是连最基本的一些跟我说过的话都不能实践，真的是 low 到家了。别人都说什么谈恋爱谈恋爱，但是，恋爱不只是谈和说说这么简单，更重要的是去做。

2

　　橘子小姐跟阿程刚开始在一起的时候，橘子小姐每次回来，都用满满的幸福语气跟我说，阿来，你知道吗？阿程说，这个寒假要跟我一起去三亚旅行！你知道吗？我真的好期待！！！还有还有，阿程说，这周一起去看美术展，哇，我真的超感动的，阿程一听说我喜欢看美术展，当即就说，这周末陪我去，我简直太幸福了。

　　橘子小姐花痴一般的样子，幸福的感觉像是溢出来一般，深深虐到了作为单身狗的我。

　　当即，我不置一词，女人，在热恋期果然可怕，可怕到好像要跟全世界宣扬她的幸福一样。不过，我很开心于橘子小姐的幸福感，并且，我希望她的幸福感一直持续下去。

　　往后的几天，橘子小姐每天都哼着小曲出门，然后回来的时候依旧是满脸笑容，这说明一点，她和阿程的感情发展得不错。

　　可是到周末的时候，那天，我赖了个床，毕竟周末，每个人都想好好地多睡一会儿，起床后却发现，橘子小姐没出门，一个人坐在沙发那里，面前电视开着，可是她的注意力并不在电视上，漫不经心地一直在换台。

　　我惊讶地问，橘子，你不是出门了吗？今天不是要和你亲爱的阿程去看美术展？

　　橘子说，唉，别提了，阿程一大早说他临时有事不去了，让我周末在家好好休息，本来吧，我还兴高采烈地化妆准备出门，突然收到他的微信一下子热情都没了，睡觉也睡不着，这不就在这里看电视了嘛。

橘子撇撇嘴，满是不情愿和不开心，我也纳闷，本来说好的事情怎么临时变卦了呢？不过，也许，阿程确实有很重要的事情啊。看着橘子不开心的样子，我约她待会一起出门吃饭看电影，橘子的心情才好了一点。

3

本来这件小事，橘子就没怎么放下心上，阿程也跟橘子解释了，道歉了，橘子也就觉得没什么了，两个人照旧打得火热。

橘子在公司里不小心走楼梯时踏空崴了脚，和公司请假了一周，我特别担心地坐在沙发上看着吃薯片的橘子，说，唉，怎么办，我平时也要上班，晚饭我可以给你回来煮，你一个人午饭怎么办，脚又不好。

橘子笑着说，安心啦，阿程说了，他下周跟经理说好了，都上下午班，午饭可以给我送，你就放心吧。

我听着这才放下了心，看来，橘子小姐这个男朋友真的还不错。

谁知道，我第一天快下班的时候，收到橘子小姐传来的微信：阿来，快回来吧，我快饿死了。

我很吃惊，一下班就给橘子打电话问怎么了。

橘子说，今天不知道为什么中午阿程没来，她等到现在也没等到阿程说好的午饭，一直打阿程电话也不接。阿程是在我赶回家的路上接了橘子的电话，一遍遍道歉说他前一天晚上玩游戏玩到半夜，结果今天就这么睡过头了，闹钟也没设。

橘子闹了会脾气，这件事也就这么过去了。

可我没想到的是，一个星期五天，这样的事情发生了三次，在周五阿程再次说他睡过头跟橘子道歉的时候，橘子特别不开心地挂了电话。我一边安慰不开心的橘子，一边心里也对阿程这个人有点怀疑，因为啊，一个男人，连他自己说过的话都做不到，那他行事的定力和做事情的决心一定很差。也许，是有一些特殊原因，让他临时有事，做不到自己对女朋友承诺的话，但是，次数多了，就不是意外了。

4

后来发生的很多小事情都让橘子很无语，也不止生过一次气。

比如，橘子去医院复查脚踝，阿程本来满口答应要送橘子去医院，结果，在楼下给橘子打了个车就说公司有事要回公司；本来说好的跟橘子的三亚之旅，橘子问了好几遍，阿程都刻意避开话题……而真正让橘子觉得阿程这个人特别不靠谱的是一件很重要的事。

橘子的父母听说橘子谈恋爱了，就想来看看小伙子是什么样，也没其他什么意思。橘子把这件事说给阿程听的时候，阿程连忙点头，说，好呀好呀，伯父伯母来了我一定要好好招待的，还跃跃欲试说要给橘子的爸妈准备礼物。

橘子满怀期待地等到了父母来的那一天，在出发去机场的路上，橘子收到了阿程的电话，阿程说他临时有事，不能去了。

橘子气急败坏，当即大声说，阿程，你要是不来，我们就到此为止！

我坐在旁边也特别生气，这算是什么男人，说好的事情怎么又临时变卦呢？我陪着橘子接到了她的父母，她的父母看橘子脸色不好也没多问关于阿程的事情，还尝试着让橘子开心起来，橘子看着父母的样子更加难过。

第二天，橘子的父母说是家里农忙就离开了，橘子在父母离开后去见了阿程一面，回来我才知道，昨天哪是阿程有什么事，其实就是阿程觉得见父母太早，也有点怕早早把橘子跟他的事定下来，就不想去。

橘子对阿程是这么说的，阿程，我的父母来，你答应见他们就得做到。你说，你不想这么早定下来，先不说我的父母只是想见你一面而已，如果你不想见，你可以直接跟我说，不要先答应了我再变卦，你说到的没有做到，这不是你简简单单一句"不想早点让我俩定下来"就能轻易带过的，而是你的人品和品质问题。说到的不做到，答应好的总喜欢临时变卦，这样的你，算个什么男人呢？

橘子把这些话告诉我的时候，哭成了泪人。

橘子说，他说他是真的爱我。是啊，他是天天都会对我说一句"我爱你",可是为什么我从来没有从他身上感受到他爱我。说的话很少实现,答应我的是很少实践。这样也叫爱?

5

对啊,爱,并不只是嘴上说说,并不只是你对她说了"我爱你"就是爱她,而是最起码,你答应她的事要做到,许下的承诺如果做不到就不要轻易许诺。

大家都说,谈恋爱谈恋爱。是的,恋爱是要"谈",但是除了"谈",更重要的是去做。

所以,请记得,爱不只靠嘴上说说,还要去做。